新理念引领新发展
"十三五"中国经济大趋势

中共中央党校经济学教研部

曹　立◎主编

新华出版社

图书在版编目（CIP）数据

新理念引领新发展："十三五"中国经济大趋势 / 曹立主编.
－－ 北京：新华出版社, 2016.8
ISBN 978-7-5166-2770-9

Ⅰ．①新…　Ⅱ．①曹…　Ⅲ．①中国经济－经济发展趋势－研究－2016－2020
Ⅳ．①F123.2

中国版本图书馆CIP数据核字(2016)第197840号

新理念引领新发展："十三五"中国经济大趋势
主　　编：曹　立

责任编辑：赵怀志　沈文娟　祝玉婷　　　责任印制：廖成华
责任校对：刘保利　　　　　　　　　　　封面设计：臻美书装

出版发行：新华出版社
地　　址：北京石景山区京原路8号　　　邮　　编：100040
网　　址：http：//www.xinhuapub.com　　http：//press.xinhuanet.com
经　　销：新华书店
购书热线：010－63077122　　　　　　中国新闻书店购书热线：010－63072012

照　　排：臻美书装
印　　刷：北京文林印务有限公司
成品尺寸：170mm×240mm
印　　张：14.5　　　　　　　　　　　字　　数：160千字
版　　次：2016年9月第一版　　　　　　印　　次：2016年9月第一次印刷
书　　号：ISBN　978-7-5166-2770-9
定　　价：36.00元

目 录
CONTENTS

❶ 怎样培育经济发展新动力?

"十三五"时期,为了确保如期全面建成小康社会,迫切需要寻找和培育发展新动力。要优化劳动力、资本、土地、技术、管理等要素配置,激发创新创业活力,推动大众创业、万众创新,释放新需求、创造新供给,推动新技术、新产业、新业态蓬勃发展,加快实现发展动力转换。

　　"十三五"时期是全面建成小康社会的决胜阶段，我国发展的环境和条件发生了新的变化，经济发展进入新常态，不仅表现为经济增速明显回落，更重要的是经济发展动力结构发生了变化。按照《中共中央关于制定国民经济和社会发展第十三个五年规划的建议》（以下简称《建议》）要求，坚持创新发展，培育发展新动力，要促进经济增长由主要依靠投资、出口拉动向依靠消费、投资、出口协调拉动转变。进一步发挥消费对增长的基础作用，发挥投资对增长的关键作用，发挥出口对增长的促进作用。推动经济社会持续健康发展，确保如期全面建成小康社会，为实现第二个百年奋斗目标、实现中华民族伟大复兴的中国梦奠定更加坚实的基础。

一、培育发展新动力是保持经济持续健康发展的重要任务

　　"十三五"时期，我国发展仍处于可以大有作为的战略机遇期，也面临诸多矛盾叠加，风险隐患增多的挑战。特别是在经济领域，传统驱动力量明显减弱，经济发展面临的增速下行和转型升级的双重压力增大。从需求看，国际金融危机后外部需求不振，出口增速回落过大。2015 年上半年出口同比微增 0.6%，比 2008 年金融危机时我国出口还低，这显然与全年出口 6% 的增长目标相去甚远。而回落的主要原因是外需持续低迷和传统竞争优势渐失。由此带来投资增长速度放慢，投资和出口对经济增长的拉动作用明显下降；从供给看，生产要素比较优势减弱，潜在经济增长率下降。

2014 年我国经济增长速度下滑至 7.3%（初步核实数据），2015 年上半年我国 GDP 增长速度为 7%。影响潜在增长率下降的主要因素是劳动力、土地、矿产资源供给不足。我国面临"刘易斯拐点"的出现，即劳动力短缺与工资持续上涨并存。我国人口结构的老龄化问题日益突出，2014 年，我国 60 岁以上老年人口

> **名词解释** >>>>
>
> ## 刘易斯拐点
>
> "刘易斯拐点"即劳动力过剩向短缺的转折点，是指在工业化过程中，随着农村富余劳动力向非农产业的逐步转移，农村富余劳动力逐渐减少，最终达到瓶颈状态。

已达到 2.12 亿，占总人口的 15.5%。根据人力模型预测，"十三五"期间劳动年龄人口平均每年将减少 200 万人左右。改革开放以来，我国在引进发达国家成熟技术基础上，充分发挥劳动力资源丰富的比较优势，依靠大规模要素投入和投资驱动实现了经济高速增长。但随着经济总量的迅速扩大和生产要素供求关系的变化，劳动力成本大幅提高，土地、矿产资源等供求接近上限，通过利用外资、引进技术等途径实现技术进步的空间逐步缩小。

与此同时，世界上其他新兴经济体和发展中国家，正在利用较低的要素成本优势，加快发展劳动密集型和资源密集型产业，对我国低成本优势产业形成替代效应。这些情况深刻表明：传统增长动力已经难以支撑经济持续发展，经济增长必须从依靠投资、出口带动转向消费、投资、出口三者均衡支撑。因此，"十三五"时期，为了确保如期全面建成小康社会，迫切需要寻找和培育发展

新动力。按照《建议》要求，要"优化劳动力、资本、土地、技术、管理等要素配置，激发创新创业活力，推动大众创业、万众创新，释放新需求、创造新供给，推动新技术、新产业、新业态蓬勃发展，加快实现发展动力转换。"必须把发展基点放在创新上，加快实现发展动力转换、推动创新发展。

培育经济发展新动力，核心是提升生产效率。根据现代经济增长理论，一个国家在进入工业化后期，资本积累和劳动力数量增长的贡献将趋于下降。也就是说，工业化后期的增长动力主要来自于要素质量提升、资源优化配置和创新驱动。"十三五"时期，随着中国工业化进入后期阶段，经济增长动力主要通过优化劳动力、资本、土地、技术、管理等要素配置，提高全要素生产率。一方面，提高人力资本质量。虽然我国劳动力数量将持续减少，但劳动力受教育程度仍有较大提升空间；另一方面，加强研发和互联网大数据等新技术应用促进创新驱动。2014 年中国研发占 GDP 比重提升到 2.09%，与其他国家相比仍有不少差距。2013 年 OECD 国家平均值为 2.4%。除了研发投入以外，通过应用互联网和大数据，可以大幅度提高很多行业的生产效率。

培育发展新动力要激发创新创业活力，推动大众创业、万众创新。我国有 13 亿人口、9 亿劳动力、7000 万企业和个体工商户。如果把全社会每一个细胞都激活，就会使整个经济肌体充满生机，进而汇聚成巨大的推动力量。大众创业、万众创新蕴藏着无穷创意和无限财富，是取之不竭的"金矿"。2014 年，我国大力开展商事制度改革，简化便利工商注册程序，极大地激发了市场活力。

新登记注册市场主体达到 1293 万户，其中新登记注册企业增长 45.9%，形成新的创业热潮。

新气质　　　　　　　　　　　　　　　　　　　　新华社发　瞿桂溪　作

　　培育发展新动力要释放新需求、创造新供给，推动新技术、新产业、新业态蓬勃发展。与传统产业普遍面临下行压力不同，互联网金融、电子商务、物流快递等新产业、新业态增长速度快、成长性好。2015 年上半年，高技术产业的增加值仍然保持两位数的增长，比规模以上工业平均增速高将近 5 个百分点。电子商务等新业态发展迅速，网上零售额继续保持较高的增长速度，2015 年上半年增长速度近 40%。因此，按照《建议》要求，培育发展新动力，需要大力支持新技术、新产业、新业态发展壮大，使其成为经济发展新的增长点。

二、培育发展新动力要发挥消费对经济增长的基础作用

"十三五"时期，我国扩大内需的重点是促进消费需求，这是因为，与作为中间需求的投资需求不同，消费需求是最终需求，是拉动经济增长的根本动力。我国拥有 13 亿人口的大市场，在稳增长的动力中，消费需求规模最大，和民生关系最直接。消费需求不仅是保持经济中高速增长的潜力所在，而且是带动经济增长的重要引擎，推动转型升级的重要力量。为此，《建议》指出："发挥消费对增长的基础作用，着力扩大居民消费，引导向智能、绿色、健康、安全方向转变，以扩大服务消费为重点带动消费结构升级。促进流通信息化、标准化、集约化。"《建议》不仅将消费需求置于首位，而且强调发挥消费对经济增长的基础作用。可见，"十三五"时期，在促进"三驾马车"均衡拉动增长的前提下，消费对经济增长的贡献将要明显加大。这意味着，从改善 13 亿中国人物质和精神生活中寻找、发掘和培育新的发展动力，以民生作为着眼点来推动创新发展，体现了经济发展以人民为中心，一切为了人民，一切依靠人的发展理念。

经过 30 多年的发展，中国已经由生存型阶段步入发展型阶段。在经历了投资大国、生产大国的第一次转型之后，正处于迈向消费大国的历史节点上。因此，经济进入新常态，中国面临的一个重要任务，就是如何从生产大国向消费大国转型，实现由投资和出口驱动的"外循环"增长模式，向创新和消费拉动的"内循环"增长模式转型。国际经验表明，在人均国民收入达到 3000 美元后，

投资及出口对 GDP 的影响呈现下降趋势，与此不同的是，随着中国进入上中等收入社会，居民消费将进入快速发展期，消费将成为经济增长的主要动力。一方面，高收入居民的消费具有"先导型"的特点，对文化娱乐、医疗保健、旅游休闲以及培训教育等服务型消费需求快速上升，并对于中等收入、低收入居民产生较强的示范效应，从而促进整个社会消费观念、消费偏好以及消费方式发生巨大改变。另一方面，以"互联网＋"为代表的新一轮技术革命将推动新的产业链及消费需求的形成，电子商务等新型消费模式的兴起，有力地改善了消费环境，提升了消费意愿，消费将成为拉动经济增长的主力军。

更好发挥消费的基础作用，要着力扩大居民消费，引导向智能、绿色、健康、安全方向转变。随着居民收入水平的提高，消费结构多元化和消费层次提高已经成为趋势，过去的消费侧重于日常必要的衣食住用，未来的消费将更加突出文化、旅游、健康等方面的个性化需求。按照《建议》要求，要着力扩大居民消费，培育新的消费热点，需要大力促进养老家政健康消费，壮大信息消费，提升旅游休闲消费，推动绿色消费，扩大教育文化体育消费。当前在体制机制、消费环境、优质消费品的供给等方面存在较多问题，严重制约了消费潜力的充分释放。因此，需要着力改善消费基础设施，制定更为严格的安全标准，促进流通信息化、标准化、集约化发展，推动消费升级。

更好发挥消费的基础作用，要以扩大服务消费为重点带动消费结构升级。当前我国出现的产能过剩，相当部分的过剩属于结构性过剩。因此，必须把扩大内需与经济结构调整结合起来。传统产业供给满足的是消费者"衣食住行"的有形商品需求，由此带动了纺织服装、食品饮料、房地产及汽车等产业发展较快，随着人们收入水平提高，这些产品的需求收入弹性均已呈下降趋势。"十三五"时期，消费者需求结构将呈现出个性化、多样化趋势，消费者对教育、文化、体育、健康等服务性消费需求明显增加，对产品质量安全有了更高要求。因此，必须将服务业的发展作为产业结构调整的重点，经济的驱动力将由简单的"衣食住行"转向更高层次的"科教文卫"，经济发展模式也由低成本、高耗能、高污染向创新驱动、资源节约、环境友好的方向转变。

三、培育发展新动力要发挥投资对增长的关键作用

"十三五"时期是全面建成小康社会的决胜阶段，也是中国跨越"中等收入陷阱"向更高发展阶段迈进的艰难时期。当前经济增长面临的下行压力巨大，作为我国经济增长的传统动力，投资对于保持经济稳定增长的作用依然很大。可以说，

名词解释 >>>>

中等收入陷阱

"中等收入陷阱"指当一个国家的人均收入达到中等水平后，由于不能顺利实现经济发展方式的转变，导致经济增长动力不足，最终出现经济停滞的一种状态。

"稳投资"是实现预期目标的关键所在。因此，《建议》明确指出：

要"发挥投资对增长的关键作用，深化投融资体制改革，优化投资结构，扩大有效投资，发挥财政资金撬动功能，创新融资方式，带动更多社会资本参与投资。创新公共基础设施投融资体制，推广政府和社会资本合作模式。"这为进一步发挥投资对增长的关键作用指明了方向。

作为世界上最大的发展中国家，我国仍处在后发追赶进程中，具有良好经济和社会效益的投资项目较多，可投资空间依然较大。走新型工业化道路，要实施"中国制造2025"，制造业的转型升级，提供了巨大的生产设备更新改造空间；推进新型城镇化进程，城中村、棚户区改造、城市地下管网亟待更新，基础设施质量需要全面提升；中西部地区和广大农村基础设施发展明显滞后，历史欠账多。另外，按照《建议》所指出的：要拓展发展新空间，培育壮大若干重点经济区，必然需要推进重点区域基础设施投资建设；加快推进丝绸之路经济带和海上丝绸之路建设，促进交通、能源、信息等基础设施互联互通。可以预见，这些经济发展新区域新领域，投资空间非常巨大。

发挥投资对增长的关键作用，核心是要提高投资的效率，优化投资的结构。投资具有稳增长和调结构的双重使命，投资项目要着眼于补短板、调结构、增加公共产品和服务供给，把钱"花在刀刃上"，投在具有全局性、基础性、战略性的领域。与发达国家相比，我国公共产品和服务严重不足。目前，我国人均公共设施资本存量仅为西欧国家的38%、北美国家的23%；服务业水平比同等发展中国家低10个百分点。公共产品和公共服务投资的主体是政府，政府加大对城市公共设施、教育、卫生等方面的公共投入，既能补足社会经济发展短板，改善民生，又能在短期扩大需求，拉动经济增长。因此，按照《建议》要求，发挥投资对增长的关键作用，重点是公共领域，核心是提高投资效率。

发挥投资对增长的关键作用，要深化投融资体制改革。进一步完善投融资体制机制，充分调动各类投资主体，尤其是民间投资主体的积极性。深化投资审批制度改革，进一步简政放权，改革核准制度，减少、简化、整合前置审批及中介服务，规范行政审批行为。新常态下，新的投资机会很多，靠过去卖地、贷款这样的投融资方式难以满足新的投资需求。需要创新投融资方式、银行贷款方式、发放贷款方式，打通资金来源渠道，给经济发展注入新的活力。一方面要充分发挥政府投资的引导带动作用，优化政府投资方向，改进投资使用方式，通过投资补助、基金注资、担保补贴、贷款贴息等方式支持社会资本参与重点领域建设；另一方面要创新融资方式，支持开展排污权、收费权、购买服务协议预期收益质押等担保贷款业务。采取信用担保、风险补偿、农业保险等方式，增强农业经营主体融资能力。发展股权和创业投资基金，鼓励民间资本发起设立产业投资基金。支持重点领域建设项目开展股权和债权融资。

发挥投资对增长的关键作用，要发挥财政资金撬动功能，创新融资方式，带动社会资本参与。在投资的过程中政府不仅要利用好财政资金，同时还要撬动社会和民间投资。当前，扩大有效投资，不能再依赖公共财政资金的直接投入，而要切实发挥好市场在资源配置中的决定性作用，优化财政资金的支持方式，带动和激活社会投资。也就是说，对于政府而言，不仅要把预算内投资管好用好、优化结构，同时要促进和带动全社会投资，从投资向投融资转变。对属于竞争性领域的产业，可由直接支持具体项目改为设立投资基金，吸引社会资本投入；积极鼓励社会资本发起设立产业投资基金和股权投资基金；创新政府投资方式，通过投资补助、资本金注入等方式撬动民间资本参与重点项目建设。利用公共资金的杠杆作用带动社会资本投资。比如，设立产业引导基金、重大技术创新基金等，引导更多社会资本和其他要素资源投入到符合国家总体战略要求的领域之中。

发挥投资对增长的关键作用，要创新公共基础设施融资体制，推广和社会资本合作模式。鼓励在能源、交通运输、水利、环境保护等公共服务领域，采用政府和社会资本合作模式（PPP 模式）吸引社会资本参与。PPP 模式是将部分政府责任以特许经营权方式转移给社会主体（企业），通过 PPP 模式，政府的财政负担减

> **名词解释** >>>>
>
> ## PPP 模式
>
> PPP 模式是 Public—Private—Partnership 的字母缩写，是指政府与私人组织之间，为了提供某种公共物品和服务，以特许权协议为基础，彼此之间形成一种伙伴式的合作关系，并通过签署合同来明确双方的权利和义务，以确保合作的顺利完成，最终使合作各方达到比预期单独行动更为有利的结果。

轻了，社会主体的投资风险也减小了，从而以实现公共资本和社会资本双赢的方式，带动全社会投资的增长。

四、培育发展新动力要发挥出口对增长的促进作用

"十三五"时期，我国经济社会将进入发展阶段的转换期，内外部环境条件发生了较大变化。作为一个开放的大国，为了避免经济急剧减速、保持经济持续稳定增长，在扩大内需的基础上，进一步发挥出口对经济增长的促进作用十分必要。由于金融危机后世界经济复苏乏力、传统比较优势弱化和国际市场竞争加剧等因素的影响，自2012年以来，我国出口已连续三年维持个位数增长，特别是2014年出口增长率仅达到6.1%。国际市场需求不振和竞争加剧，倒逼我们必须加快打造对外竞争新优势。以中国装备"走出去"为突破口着力提高对外开放水平，推动更多高附加值的中国制造、中国标准到国际市场竞争，促进产能合作，实现出口升级、产业升级。为此，《建议》明确指出："发挥出口对增长的促进作用，增强对外投资和扩大出口结合度，培育以技术、标准、品牌、质量、服务为核心的对外经济新优势。实施优进优出战略，推进国际产能和装备制造合作，提升劳动密集型产业出口科技含量和附加值，塑造资本和技术密集产业新优势，提升我国产业在全球价值链中的地位。"通过出口战略转型升级，进一步发挥出口对增长的促进作用。

发挥出口对增长的促进作用，要实施优进优出战略。自20世纪80年代以来，我国实施的大进大出战略有力支撑了中国经济30多年的高速增长，成就了中国"世界工厂"的地位。但是，随着国际市场的变化，过去靠低成本简单加工的制造出口已经难以为继。

必须推动我国外贸从"大进大出"转向"优进优出"，形成开放型经济新格局。从"大进大出"到"优进优出"战略转变，意味着，我国对外需求的增长点已从过去生产消费品的"世界工厂"，升级为向世界提供先进装备制造的重要基地，并以此推进外贸结构优化升级，推动中国经济向全球产业价值链中高端迈进，打造中国外向型经济的升级版。

发挥出口对增长的促进作用，要加快中国装备走出去和推进国际产能合作。面对世界经济艰难复苏的严峻形势，要不断扩大各国利益汇合点。目前，许多国家对基础设施建设和推进工业化的需求强劲，而中国很多装备和产能质优价廉，综合配套能力强，与这些国家有很高的契合度。支持中国装备走出去和推进国际产能合作，不仅有利于中国盘活存量资产，还可以在扩大产品进出口的基础上叠加产业出口，能实现各方共赢。

发挥出口对增长的促进作用，要增强对外投资和扩大出口结合度。2014年中国对外直接投资额达1029亿美元，首次突破千亿美元，同比增长14.1%，继续保持世界第三位。根据商务部数据，2014年中国实际使用外资金额1195.6亿美元，同比增长1.7%。中国对外投资额和吸收外资额相差仅160多亿美元，实现了对外投资和吸收外资的双向平衡，进一步提高了我国发展的平衡性、包容性、可持续性。"十三五"时期，要推动中国企业进一步"走出去"，融入全球经济，提高对外开放水平。

发挥出口对增长的促进作用，要提升劳动密集型产业出口科技含量和附加值，塑造资本和技术密集产业新优势。国际经验表明，在劳动密集型产业比较优势减弱之后，应该发展资本和技术密集型产业。因此，在我国劳动密集型产业比较优势弱化之后，需要加快形成技术密集型产业竞争新优势，要加快推进资本和技术密集型产业的优化升级与创新发展。

（曹立　中共中央党校经济学部教授）

❷ 如何推进创新发展？

我们必须把创新作为引领发展的第一动力，把创新摆在国家发展全局的核心位置，不断推进理论创新、制度创新、科技创新、文化创新等各方面创新，让创新贯穿党和国家一切工作，让创新在全社会蔚然成风。

当前，我国创新能力不强，科技发展水平总体不高，科技对经济社会发展的支撑能力不足，科技对经济增长的贡献率远低于发达国家水平，这是我国这个经济大个头的"阿喀琉斯之踵"。新一轮科技革命带来的是更加激烈的科技竞争，如果科技创新搞不上去，发展动力就不可能实现转换，我们在全球经济竞争中就会处于下风。为此，我们必须把创新作为引领发展的第一动力，把创新摆在国家发展全局的核心位置，不断推进理论创新、制度创新、科技创新、文化创新等各方面创新，让创新贯穿党和国家一切工作，让创新在全社会蔚然成风。

> **名词解释 >>>>**
>
> ### 阿喀琉斯之踵
>
> 阿喀琉斯之踵（Achilles' Heel）指阿喀琉斯的脚跟。阿喀琉斯是古代希腊神话中的一位英雄人物。在长达十年之久的特洛伊战争中，他作为希腊军的一名勇士和将领，身经百战，英勇无比，战功显赫。脚跟是其唯一没有浸泡到神水的地方，也是他唯一的弱点。在特洛伊战争中他被特洛伊城的巴里斯王子一箭射中后脚跟而阵亡。现在一般指致命的弱点，要害。

一、经济发展动力源自创新

创新是引领发展的第一动力，是 2015 年 3 月 5 日习近平总书记在参加十二届全国人大三次会议上海代表团审议时提出的。他强调，抓创新就是抓发展，谋创新就是谋未来。适应和引领我国经济发展新常态，关键是要依靠科技创新转换发展动力。不创新就要落后，创新慢了也要落后。这一新思想理念是对"科学技术是第一生产力"的继承和发展，是对新常态下我国经济发展动力的精辟概括和重大判断。

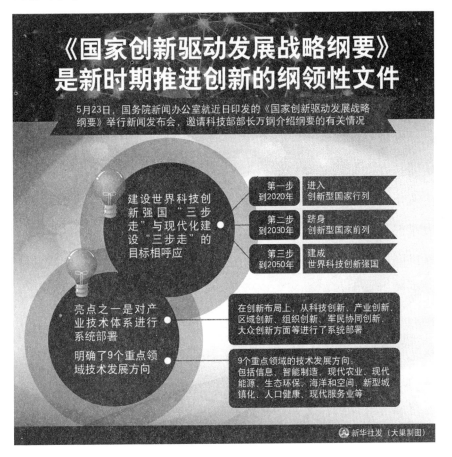

16世纪以来，人类社会出现的科技革命，引发了一系列产业变革，推动着大国兴衰、世界经济中心转移和国际竞争格局调整。18世纪以蒸汽机和动力机械技术为代表的科技创新，带来了世界上第一次产业革命，使英国崛起为世界头号强国；19世纪中期以电机和内燃机为代表的电气化技术创新，带来了第二次产业革命，

使得德国跃升为世界工业强国，美国到19世纪末成为世界头号经济大国；20世纪以电子和信息技术为代表的科技革命，推动了第三次产业变革，使美、德、法、英等国进入工业化成熟期，日本抓住了此次机会，实现了经济腾飞。由此可见，科技创新在很大程度上决定着世界经济政治力量对比的变化，进而决定着各国各民族的前途命运。

我党历来重视创新。新中国成立初期，毛泽东就号召全国人民"向科学进军"，1963年又进一步强调，科学技术这一仗，一定要打好，而且必须打好。不搞科学技术，生产力就无法提高。改革开放之后邓小平同志的"科学技术是第一生产力"这句名言，大家都耳熟能详。党的十四大报告首次提到了"创新问题"，江泽民同志在中国科学院第十次院士大会和中国工程院第五次院士大会的讲话中指出："我多次说过：'创新是一个民族的灵魂，是一个国家兴旺发达的不竭动力。'科学的本质就是创新，要不断有所发现，有所发明。""有没有创新能力，能不能进行创新，是当今世界范围内经济和科技竞争的决定性因素。历史上的科学发现和技术突破，无一不是创新的结果。"2006年全国科技大会上以胡锦涛为总书记的党中央提出了提高自主创新能力、建设创新型国家的重大战略目标。十七大报告明确提出，提高自主创新能力，建设创新型国家，是国家发展战略的核心。十八大以来，中央一以贯之地重视创新。习近平总书记指出，"创新是一个民族进步的灵魂，是一个国家兴旺发达的不竭动力，也是中华民族最深沉的民族禀赋。在激烈的国际竞争中，唯创新者进，唯创新者强，唯创新者胜。综合国力竞争说到底是创新的竞争。世界经济长远发展的动力源自创新。纵观人类发展历史，创新始终是推动一个国家、一个民族向前发展的重要力量，也是推动整个人类社会向前发展的重要力量。总结历史经验，我们会发现，体制机制变革释放出的活力和创造力，科技进步造就的新产业和新产品，是历次重大危机后世界经济走出困境、实现复苏的根本。"

改革开放 30 多年，我们更多依靠资源、资本、劳动力等要素投入支撑了经济快速增长和规模扩张。改革开放发展到今天，这些要素条件发生了很大变化，再要像过去那样以这些要素投入为主来发展，既没有当初那样的条件，也是资源环境难以承受的。我国经济总量已跃居世界第二位，社会生产力、综合国力、科技实力迈上了一个新的大台阶。但同时，我国发展中不平衡、不协调、不可持续问题依然突出，人口、资源、环境压力越来越大。我国现代化涉及十几亿人，走全靠要素驱动的老路难以为继。因此，我们必须加快从要素驱动发展为主向创新驱动发展转变，发挥科技创新的支撑引领作用。物质资源必然越用越少，而科技和人才却会越用越多，因此我们必须及早转入创新驱动发展轨道，把科技创新潜力更好释放出来。这是立足全局、面向未来的重大战略，对实现到 2020 年全面建成小康社会目标具有十分重要的意义。

二、强化科技创新在全面创新中的引领作用

正如上面所言，创新是多方面的，包括理论创新、制度创新、

科技创新、文化创新等。理论创新是社会发展和变革的先导，是各类创新活动的思想灵魂和方法来源。30多年的改革开放历程是不断理论创新的实践写照。社会主义本质论、社会主义初级阶段理论、社会主义市场经济理论、改革开放理论、科学发展观、"五位一体"总体布局、"四个全面"战略布局、五大发展理念等，有力地促进了中国特色社会主义事业的蓬勃发展；制度创新是持续创新的保障，是激发各类创新主体活力的关键。制度创新决定性地影响科技创新，制度创新是经济长期增长和人类社会进步的原因。改革开放以来，一系列的制度创新成为我国经济社会发展的原动力。例如，家庭联产承包责任制；国有企业改革；社会主义市场经济体制；公有制为主体、多种所有制经济共同发展的基本经济制度；按劳分配为主体、多种分配方式并存的分配制度等；文化创新是一个民族永葆生命力和富有凝聚力的重要基础，是各类创新活动不竭的精神动力。

在全面创新中，科技创新地位和作用十分显要。习近平总书记指出："谁牵住了科技创新这个牛鼻子，谁走好了科技创新这步先手棋，谁就能占领先机、赢得优势。"科技创新是国家竞争力的核心，在全面创新中起引领作用。实施创新驱动发展战略，要紧紧抓住科技创新这个关键。只有牢牢抓住科技创新这个"牛鼻子"，摆脱我国核心关键技术受制于人的窘境，我国才能真正成为世界科技强国和经济强国。

党的十八大提出的实施创新驱动发展战略，就是要推动以科技创新为核心的全面创新。科技革命必然引发产业革命。科技创新及其成果决不能仅仅落在经费上、填在表格里、发表在杂志上，而要面向经济社会发展主战场，转化为经济社会发展第一推动力，转化为人民福祉。科技成果只有同国家需要、人民要求、市场需求相结合，完成从科学研究、实验开发、推广应用的三级跳，才能真正实现创新价值、实现创新驱动发展。因此，要坚持产业化导向，加强行业共性基础技术研究，努力突破制约产业优化升级的关键核心技术，为转变经济发展方式和调整产业结构提供有力支撑。要以培育具有核心竞争力的主导产业为主攻方向，围绕产业链部署创新链，发展科技含量高、市场竞争力强、带动作用大、经济效益好的战略性新兴产业，把科技创新真正落到产业发展上。坚持企业在创新中的主体地位，发挥市场在资源配置中的决定性作用和社会主义制度优势，增强科技进步对经济增长的贡献度，形成新的增长动力源泉，推动经济持续健康发展。

★★★ 精彩论述 ★★★

科技创新，贵在坚持以人民为中心的导向。无论是助推经济社会持续健康发展，还是应对人口老龄化、消除贫困、保障人民健康和国家安全等风险挑战，科技都是"国之利器"。从事科技工作必须胸怀大格局，把人民的需要和呼唤作为科技创新的方向所在。

——新华社评论员

在推进科技体制改革的过程中，我国社会主义制度能够集中力量办大事这一重要法宝千万不能丢。我国很多重大科技成果都是依靠这个法宝搞出来的，要让市场在资源配置中起决定性作用，同时要更好发挥政府作用，加强统筹协调，大力开展协同创新，集中力量办大事，抓重大、抓尖端、抓基本，形成推进自主创新的强大合力。真正的核心关键技术买不来，必须走自主创新道路。只有把核心技术掌握在自己手中，才能真正掌握竞争和发展的主动权，才能从根本上保障国家经济安全、国防安全和其他安全。不能总是用别人的昨天来装扮自己的明天。不能总是指望依赖他人的科技成果来提高自己的科技水平，更不能做其他国家的技术附庸，永远跟在别人的后面亦步亦趋。但自主创新绝不是关起门来搞创新。习近平总书记指出，在经济全球化深入发展的大背景下，创新资源在世界范围内加快流动，各国经济科技联系更加紧密，任何一个国家都不可能孤立依靠自己力量解决所有创新难题。要深化国际交流合作，充分利用全球创新资源，在更高起点上推进自主创新，并同国际科技界携手努力，为应对全球共同挑战作出应有贡献。

三、创新引领发展必须破除体制机制障碍

　　推动科技创新，需要体制机制创新在内的全面创新发挥合力。习近平总书记指出："如果把科技创新比作我国发展的新引擎，那么改革就是点燃这个新引擎必不可少的点火系。"多年来，我国科技与经济"两张皮"问题一直没有得到很好解决，存在着科技成果向现实生产力转化不力、不顺、不畅的痼疾，其中一个重要症结就在于科技创新链条上存在着诸多体制机制关卡，创新和

转化各个环节衔接不够紧密。就像接力赛一样，第一棒跑到了，下一棒没有人接，或者接了不知道往哪儿跑。要解决这个问题，就必须深化改革，破除一切制约科技创新的思想障碍和制度藩篱，处理好政府和市场的关系，推动科技和经济社会发展深度融合，打通从科技强到产业强、经济强、国家强的通道，以改革释放创新活力，加快建立健全国家创新体系，让一切创新源泉充分涌流。

十八大以来，围绕深入实施创新驱动发展战略的改革措施不断涌现：《关于深化中央财政科技计划（专项、基金等）管理改革的方案》《关于深化体制机制改革加快实施创新驱动发展战略的若干意见》《国家创新驱动发展战略纲要》《深化科技体制改革实施方案》《关于发展众创空间推进大众创新创业的指导意见》《促进科技成果转化法》……有关创新驱动的顶层设计日臻完善，多样改革举措正在深入实施。全面深化改革领导小组及 6 个专项小组成立，提高了改革的决策效率，将解决长期困扰改革的政出多门、部门扯皮、互相掣肘的问题；负面清单、后置审批以及便捷工商登记等一系列便利措施的推出为市场资源的流动提供了良好的政

名词解释 >>>>

极客

极客是美国俚语"geek"的音译，被用于形容对计算机和网络技术有狂热兴趣并投入大量时间钻研的人。现在 Geek 更多是指在互联网时代创造全新的商业模式、尖端技术与时尚潮流的人。

策环境。以"互联网+"为代表的创新创业风起云涌，涌现出了一大批年轻的极客、创客乃至企业家。

> **名词解释** >>>>
>
> ### 创客
>
> "创客"来源于英文单词"Maker"，是指出于兴趣与爱好，努力把各种创意转变为现实的人。

四、强化企业技术创新主体地位

党的十八届五中全会进一步强调要强化企业创新主体地位和主导作用，意义重大。企业的技术创新能力不单是企业自身的问题，而是关系到整个国家参与全球化竞争的实力，企业强，则国家强。企业竞争优势决定了国家的竞争优势。技术创新的推动者往往是企业家，知识创新和技术创新只有通过企业，才能真正转化为规模生产，在市场上获取经济效益。只有企业真正主导了整个技术创新链条，技术创新最终取得市场成功的可能性才最大，创新效率才最高，才能真正增强国家经济发展实力。

要进一步突出企业的技术创新主体地位，让市场真正成为配置创新资源的力量，使企业真正成为技术创新决策、研发投入、科研组织、成果转化的主体，变"要我创新"为"我要创新"。推动人财物各种创新要素向企业集聚，使创新成果更快转化为现实生产力。要加强知识产权运用和保护，维护好公平竞争的市场环境。各类创新主体要发挥各自优势。大企业要发挥创新资源集聚的优势，攻克行业核心技术和关键技术，提升产业整体创新能力；中小微企业发挥应对技术路线和商业模式变化的独特优势，通过市场筛选把新兴产业培育起来。科研院所要加大对基础研究的投入、对科研工作的激励力度以及完善考核机制。同时，政府要管好该管的，在关系国计民生和产业命脉的领域，政府要积极作为，加强支持和协调，总体确定技术方向和路线，用好国家科技重大专项和重大工程等抓手，集中力量抢占制高点。

一是推动生产要素的市场化改革，加快资源价格形成机制改革及产业组织调整，健全反映稀缺性和环境影响的资源价格机制和税收体系，构建促进企业技术创新的压力机制。形成促进企业创新的市场倒逼机制。

二是进一步完善市场竞争环境，要建立公平的市场准入规则，要努力消除实际存在的行业垄断和市场分割，构建更加公平公正、开放统一的市场环境，构建普惠性创新支持政策体系，创造各种所有制企业公平竞争、平等获得资源的市场环境。深化国有企业改革，完善国有企业业绩考核体系和国有企业经营者考核和任用制度，将创新投入和创新效益纳入考核体系当中。加强知识产权保护，使创新产品、技术、专利等得到有效保护，激发企业创新热情。

三是调整和制定需求政策，为企业创新产品提供市场空间。要有重点地落实政策，降低企业创新的成本和风险，如切实落实研究开发费用税前加计扣除政策，以多种方式加强鼓励创新的需求政策。进一步细化政府采购政策，发挥政府采购对创新的激励作用。

四是优化产业环境，提高产业集中度，减少行政性垄断，形成集群创新机制。

五是完善政府职能，明确角色定位，为企业科技创新营造良好的外部环境。

五、强化基础研究，为创新发展注入长效动力

基础研究是创新之源。基础研究领域每一个重大突破，通常都会对科技创新产生巨大的推动作用。基础研究越来越成为发明与创新的源泉。无论是经典物理学、电子理论、量子理论，还是信息技术、生物技术、纳米技术，基础研究领域每次取得的重大进步都为经济发展提供了巨大动力。近几百年来，以基础研究为源泉的科技创新极大解放了社会生产力，提高了社会生产效率，推动人类经济社会高速发展。若把现代科学技术比作一条长河，那么基础研究就是这条河流的源头。

1. 加大基础研究投入，优化基础研究资助模式。

基础研究是技术创新的源泉，是一个国家科技进步和经济社会发展的基础，但具有研究周期长、风险大、结果难以预测等特点。政府需在研究投入中扮演更为重要的角色。应加大对基础研究的投入，解决基础研究作为公共品而导致的社会资金投入不足困境，引导社会力量提高对基础研究的关注，为建设创新性国家的战略目标构筑坚实基础。在强化竞争性项目经费投入的同时，也应加

强对进行基础研究人才队伍的支持，提高对国家重点实验室和科研机构的经费补助以及设备更新支持，营造宽松自由的科研环境。确保科研人员自主决策，开展原创度高、探索性强的科研活动，产生更多高质量的成果。另外，在强化对基础研究财政投入的同时，也应鼓励有实力的企业和民间力量开展基础研究。一方面，引导要使其充分认识基础研究对技术竞争力的支撑作用。另一方面，政府应在改善宏观环境、加大知识产权保护方面积极多下功夫，提高企业自主创新意识。支持企业建立重点实验室或与科研院所合作联合建立实验室，推动企业成为技术创新主体，从而为企业长久发展提供战略支撑，为创新驱动发展战略筑就充满市场活力的微观基础。

2. 强化基础研究的战略部署，创造良好科研环境，优化科研评价体系。

今后应在关系国家发展战略领域部署一批重点研究课题；结合国家战略需求，鼓励自由探索；优化科研评价体系，重视对基础研究的质量评价。第一，应强化科研基础平台建设，改革基础研究领域科研计划的管理模式，加大对具有重大原创性、突破性创新项目的支持。以满足国家重大战略科技需求为目标，注重科研平台建设的顶层设计。以提高原始性创新能力为目标，更深层次地统筹项目、人才和科研基地建设。加强基础研究的资料共享和协同技术攻关，提高基础研究的系统性和整体性。第二，建立科学的基础研究成果评价办法，强化对原始性创新考核，注重科研道德建设，改变基础研究低水平重复困境。长期以来，我国科研立项过分注重研究目标的实现可能性，使得申报者热衷于成功性大的项目。具有原始性重大创新、高风险的基础研究项目通常较难得到评价专家的认可。应完善对项目创新性的评价标准，对基础研究全面引入同行评价，评价重点从成果数量转向成果质量和原创价值。将原创性摆到项目立项的突出位置，鼓励具有原始性创新的研究。弘扬勇于创新的科学精神，营造摒弃浮躁、宽容失败的科研环境。在全社会形成崇尚创新、尊重知识、崇尚科学的氛围，使从事基础研究的专家能潜心研究、大胆开拓，取得更多具有高质量、高影响力的原创性突破。

3. 重视对基础研究领域人才的培养。

与发达国家相比，我国对基础研究领域上的人才培养重视程度比较低。高校和科研院所是培养人才的基地，近年来我国在工商管理、市场营销、法律、金融等应用专业的毕业生数量增加，但与基础研究相关的学科未得到足够重视，理工科学生比例下降。加上基础研究投入有限，造成我国基础研究领域国际一流的领军人才缺乏。如果说基础研究是科技创新之源，那么，人才就是科技创新之本。应采取积极措施吸引高水平人才投身基础研究活动。（1）加大对基础学科的扶持力度，支持理工类院校和相关学科的发展，鼓励高水平人才报考理工科，提高自然科学领域基础性人才的数量和质量。（2）鼓励大学生、研究生参与基础研究，给予其充足的科研经费和优越的科研环境，激发其对未知世界的好奇心和探索欲，使其在基础科学领域开拓创新。（3）支持青年人才独立开展基础研究，探索前沿性科学领域，推出高影响力的原创成果。根据科技人才发展规律，中青年时期一般是科学家取得突破性创新的峰值年龄。从诺贝尔奖获得者年龄可知，科学家完成突破性创新的高峰期约 30 至 40 岁（很多在攻读博士学位期间）。应大力培养和使用具有高水平的中青年科技人才。在严格遴选的前提下，坚持"不拘一格降人才"，加大对青年人才的支持，使我国在前沿性科技领域取得掌控力。

六、推动科技成果转化

要实现科技成果转化与产业化，不仅要发挥企业技术创新的主体地位，而且也要更好地发挥政府的作用，实现国家创新体系的高效运行。即使是硅谷的成功，也应该把很大的一部分功劳归于最大的风险投资者：政府。硅谷的历史可以看作是一个受益于技术军转民的最佳示范，也是政府进行整体干预的完美案例。无线电和电子工程的最初动力来自于两次世界大战，在很大程度上受到了军方的资助。英美两国政府资助了电脑的开发。美国宇航局是第一批集成电路的主要用户。美国国防部研究开发署（DARPA）创造了互联网。万维网是由欧洲粒子物理实验室（CERN）发明的。欧洲粒子物理实验室是一个受多个欧洲国家资助的研究中心。

1. 落实科技成果转化的法律法规。

《知识产权保护法》和《促进科技成果转化法》是保护科技成果，促进科研成果转化的两部重要法律。随着经济社会的发展要及时修订相关法律，从而在实际的科研活动中切实发挥法律保障作用，调动研发人员积极性，提高社会生产力水平。美国科技成果转化之所以卓有成效，正是得益于完善的科技成果转化法律体系。1980 年颁布的《拜杜法案》明确规定，高校使用联邦政府科研经费所研制的技术成果，其专利属于高校而不归联邦政府所有。学校有权将新技术转让给公司和企业，所得收入由高校支配而不上交联邦政府，发明人可以分享专利许可收入。其后，相继颁布了《Stevenson-Wydler Act》（即《技术创新法案》）、《小企业创新开发法案》和《联邦技术转让法案》等系列法案。这些立法，极大鼓舞了高校、联邦实验室和企业积极参与技术转移和商业化活动的热情，也推动美国许多著名大学制定了比较完善的专利政策。我国新修订的《促进科技成果转化法》已经于 2015 年 10 月 1 日起开始实施。完善相关法律法规的同时，也要加强对科技成果转化的政策法规、推广计划和重点推广项目、典型推广案例及经验等方面的宣传。通过明确政府资助科研成果知识产权的归属，来调动科研人员的创造积极性，逐渐使法律保障成为国家创新体系运行的重要组成部分。

2. 完善科技成果转化的中试平台。

根据美国等发达国家的经验，在科研成果转化过程中，一项成

名词解释 >>>>

中试

中间性试验的简称,指的是产品在大规模量产前的较小规模试验,是科技成果向生产力转化的必要环节。成果产业化的成败主要取决于中试的成败。要实现科技成果转化与产业化,需要建立旨在进行中间性试验的专业试验基地,通过必要的资金、装备条件与技术支持,对科技成果进行成熟化处理和工业化考验。

熟的技术成果成功地应用于产业化生产,其研究开发、中试、成果商品化三者资金投入比例一般为1:10:100,而我国仅为1:1:10。目前,我国高校和科研院所普遍缺乏中试基地,大部分科技成果只是处于实验室阶段,有的甚至只是构想,应用于生产实际还有很大距离。而作为科技成果需求方的企业为了规避技术风险,不愿引进或投资该类科技成果。在高校和科研院所中,常常由于没有进行中试,工程研究不到位、不全面,甚至有些问题尚没有探索清楚,就开始盲目转化,从而造成成果转化失败。或者是科研工作进行到一定程度,取得了实验室成果后就终止了,由于需要投资过大而放弃了工程化研究和中试实验的研究,当该成果与企业结合时,还必须进行二次或三次开发,从而延误了成果转化的进程,使科技成果难以实现转化。

针对上述情况,国家应出台鼓励科研院所和企业建设中试平台的政策措施。一是将过去分散的支持成果转化的财政支持资金集中建设一定数量的中试平台,并积极吸引民间资金的加入,推动中试服务产业化发展；二是对于从事应用研究和试验开发的科研项目的结项中应增加中试考核，建立中试成果转化利益分享机制，倒逼和激励科研人员重视中试；三是要重视对从事中试技术人才的激励。

3. 完善科技成果信息共享平台。

建立完善的数据库和科技信息共享平台，要真正发挥信息平台的共享作用。加强知识产权信息检索的基础建设，建立民众更容易使用的专利数据库。加快知识产权的审查过程，减少审查成本。建设国家信息基础设施网络，促进企业公开知识产权信息，培养现有技术调查机构，建立无形资产评估体系。为提高知识产权利用率，可以向企业征集未被利用的专利并形成数据库供公众查询利用，通过信息平台和专利转让平台提高科技成果的利用率。在国家层面上，应该设置涵盖全国的技术成果转让机构，以技术管理协会的形式，将各高校和科研院所中的技术转让办公室集中成为一个以技术转让与产业化为核心目标的全国性组织，从而便于各组织间进行广泛的合作与联系。美国有著名的国家技术转让中心 (NTTC) 和联邦实验室技术转移联合体 (FLC)。NTTC 的主要任务是以其庞大而先进的计算机网络转让技术，将联邦政府资助的 700多个国家实验室、大学和私人研究机构的有工业应用前景的科技成果迅速地推向社会和工业界，使之尽快转化为生产力。FLC 的宗旨是加速联邦资助的研究成果向国民经济的渗透。

4. 发展创业型大学，推动科技成果转化。

当前大学的使命已经从知识的传承（教育）扩展到包括知识的创造（科研）以及所创造的新知识的商业应用（创业或创新）。19世纪末作为特殊机构出现的研究型大学（德国的洪堡大学模式），把分别在大学和科学协会发展的教学与科研两种活动结合在一起，创业型大学又将促进经济与社会发展的使命与教学、研究使命结合了起来。创业型大学有四根支柱：（1）学术带头人能够形成和实施自己的战略构想；（2）具有通过授予专利、颁发许可和孵化等方式进行转移的组织能力；（3）管理人员、广大师生普遍有创业精神；（4）能对大学资源进行合法控制，包括大学的物质财产和研究的知识产权。创业型大学创新文化浓厚，教授和研究人员以及学生积极推动研究成果的商业化。技术转移办公室负责从大学研究中寻找可以商业化的技术，并将其出售给产业化的公司。一所大学要成为"企业家"创业，就必须有相当程度的独立自主性，它既要独立于政府部门和产业部门，又要与这些部门紧密联系、相互作用。创业型大学倡导将知识投入实际应用，为了实现这一目标，许多国家有不同的制度安排。例如在美国，知识产权的所有权能在发明人和大学之间分享，而瑞典等国家，知识产权却完全归教授所有。为了购买专利所有权并使之商业化，大学成立了控股公司，大学一定程度上有了企业的性质。另外一种创业型大学是在科技园、研究中心或一些公司基础上组建的新型创业型大学。例如，由美国兰德公司（RAND）资助的政策研究方面的 PHD 项目，在瑞典卡尔斯克鲁纳 / 龙内比（Karlskronna/Ronneby）科技园软件中心基础上发展起来的布京理工学院。这种大学模式，与其他大学不同，首要的活动是知识经济活动，然后是大学研究工作。

美国高技术产业模式的形成和发展表明，部分高校科研院所的转型至关重要。20世纪90年代以来，美国高技术领域有一个重大特征，就是大家的关注焦点由R&D大规模转向R&BD（Research &Business Development,研发及其成果的商业化）。伴随着这种转化，很多高校开始由研究型大学向创业型大学转型，最典型、最成功的例子就是斯坦福大学。美国著名教育学家伯顿·克拉克（Burton Clark），研究了欧美众多特色大学，提出了"创业型大学"的概念。他预言，创业型大学在知识经济社会中将发挥越来越大的作用，甚至成为未来社会发展的核心机构。建设创业型大学，目的就是要指导大学发展的转型，推动科技创业的兴盛。

我国大学的科研成果转化率低，而美国斯坦福大学的成果转化率达到了60%—70%。还有一个很大的问题被忽视了，无论理科、工科还是社会科学的教育都是直接对应于现代知识体系的，这种知识体系与产业发展所需要的知识之间存在差别。大学的知识体系追求超前、先进。但是，从产业发展实际来讲，它需要更多的是符合其市场竞争策略的适宜性的技术，而不是最先进的技术，它必须能够解决问题，能够满足企业竞争战略或经营策略的要求。需要指出的是，在研发组织体系当中，大学承担的是知识创造和人才的培养，要给大学提供能够踏踏实实去自由探索，培养创新人才的稳定的、基本的财政支持。但是从目前科研经费和科学家的收入来源看，大部分都来自项目。在大学过于强调科研项目的成果转化率，可能会使大学出现越来越强的功利倾向。无论对大学、科研院所还是公共基础服务机构，都需要给予他们一定的自主确定研发方向、自主支配资源的能力，只有这样才能为产业技术创新奠定知识基础。因此，解决大学供给与产业需求之间的矛盾，需要进一步明确各类大学的定位，发展一部分创业型大学。创业型大学与研究型大学的主要区别是，创业型大学将基础研究、应用研究及教学与产业创新紧密结合在一起，将知识资本化，形成知识与产业的良性循环，从而推动区域经济和国家经济发展。

七、实施人才优先发展战略

人才是创新的根基，创新驱动实质上是人才驱动，谁拥有一流的创新人才，谁就拥有了科技创新的优势和主导权。没有强大人才队伍作后盾，自主创新就是无源之水、无本之木。综合国力竞争说到底是人才竞争。人才资源作为经济社会发展第一资源的特征和作用更加明显，人才竞争已经成为综合国力竞争的核心。谁能培养和吸引更多优秀人才，谁就能在竞争中占据优势。

我国人力资源丰富，科技队伍规模是世界上最大的，2014年我国研发人员达到了380万人/年，居世界第一位。但目前主要问题是人才的水平和结构，世界级科技大师缺乏，领军人才、尖子人才不足，工程技术人才培养与生产和创新实践脱节，人才政策需要完善，教育方面也需要进一步改革。为此，要创新人才使用、培养和吸引机制。

★ ★ ★ 精 彩 论 述 ★ ★ ★

"顺木之天，以致其性"。让各类科技人才竞相涌现，既需要营造良好学术环境，弘扬学术道德和科研伦理，在全社会营造鼓励创新、宽容失败的氛围；又需要加强知识产权保护，积极实行以增加知识价值为导向的分配政策，不断增强科研人员的获得感。只有大兴识才爱才敬才用才之风，为科技人才发展提供良好环境，在创新实践中发现人才、在创新活动中培育人才、在创新事业中凝聚人才，才能聚天下英才而用之，让更多千里马竞相奔腾。

——新华社评论员

一是要用好用活人才，建立更为灵活的人才管理机制，完善评价这个指挥棒，打通人才流动、使用、发挥作用中的体制机制障碍，统筹加强高层次创新人才、青年科技人才、实用技术人才等方面人才队伍建设，最大限度支持和帮助科技人员创新创业。赋予创新领军人才更大的人财物支配权、技术路线决策权。增强企业家在国家创新决策体系中的话语权。"千军易得，一将难求。"要大力造就世界水平的科学家、科技领军人才、卓越工程师、高水平创新团队。

二是要深化教育改革，推进素质教育，创新教育方法，提高人才培养质量，努力形成有利于创新人才成长的育人环境。在全社会营造鼓励大胆创新、勇于创新、包容创新的良好氛围，既要重视成功，更要宽容失败。推动人才培养个性化。倡导学术自由与独立思考，注重培养学生批判性精神，避免跟风盲从、人云亦云；发现、培养和尊重学生个性化行为，促进学生全面化、自由化发展；鼓励提问，推崇创新，鼓励学生提出有创见性的学术观点。构建各学派之间思想交流平台，让师生之间在学术上能自由平等地互动，通过观点的碰撞激发创新火花；营造有利于青年学生发展其个人兴趣和特长的土壤，培养学生敢于质疑和自由探索的勇气，充分发挥学习研究主动性、积极性和创造性，为创新型人才提供宽松环境，促进人才全面发展。深化教育教学模式改革，促进教学过程弹性化。在严格规范教学质量与课程评分标准前提下，应更加注重教学过程弹性化。比如说，积极借鉴发达国家高等教育经验，在学制年限、专业设置、课程设置、修读方式、教学方法、考核方法上不断创新。鼓励教师采用新方法、新手段进行创新性和创造性教学。加强对学生的个性化创新型教育，为青年学生全面发展营造具有弹性的成长环境。

三是要积极引进海外优秀人才，要择天下英才而用之，实施更加积极的创新人才引进政策，集聚一批站在行业科技前沿、具有国际视野和能力的领军人才。要树立择天下英才而用之的观念，整合人才引进资源，优化机构与职能配置。建立国家层面的海外人才联络站，及时掌握海外人才动态，搜集海外人才信息。稳步推进人力资源市场对外开放，鼓励具备条件的国内人力资源服务机构走出去与国外人力资源服务机构合作，稳步提高引才效率。在经过这些专业性引才机构的评定和认可后，可设立高额工资、奖金或科研经费来吸引这些优秀科技人才来华工作或做访问学者。对引进人才要充分信任并放手使用，支持他们深度参与国家计划项目、开展科研攻关。不断完善引才配套政策，解决引进人才任职、社会保障、户籍、子女教育等问题。也可通过在国外设立研发基

地来进一步利用当地人才，或采用购买或兼并外国企业的方式将
其高科技人才为我所用。

在对国外高科技人才办理来华签证和居留上，放宽条件并落
实相关待遇。制定外国人永久居留管理意见，加快外国人永久居留
管理立法，规范并放宽技术型人才取得外国人永久居留证的条件；
对持有外国人永久居留证的外籍高端人才在创办高科技企业等创
新性活动方面，要给予和中国籍公民同等待遇；对符合条件的外
国人才给予工作许可便利，对符合条件的外国人才及其随行家属
给予签证和居留等便利；对满足一定条件的国外高层次科技创新
人才取消来华工作许可的年龄限制等。另外，还可设立专业性机构，
统一管理外国人签证、居留和移民事务，规范审批居留与入籍申请，
为外国高端人才在我国提供完善的居留与户籍保障。

（陈宇学　中共中央党校经济学教授）

❸ 怎样促进城乡协调发展？

加快城乡协调发展，是我国在新发展阶段必须要完成的重要任务，直接关系"中国梦"的实现。城乡协调发展就要把农村与城市作为一个社会有机体，统一规划、通盘考虑，实现城乡资源合理流动和优化配置，构建同步共赢的良性互动关系，不断增强发展整体性。

党的十八届五中全会通过的《中共中央关于制定国民经济和社会发展第十三个五年规划的建议》提出，要坚持协调发展，必须牢牢把握中国特色社会主义事业总体布局，正确处理发展中的重大关系，重点促进城乡区域协调发展，促进经济社会协调发展，促进新型工业化、信息化、城镇化、农业现代化同步发展，在增强国家硬实力的同时注重提升国家软实力，不断增强发展整体性。

纵观世界，发展中国家的经济发展，都是一个不断破解城乡二元结构，实现城乡协调发展的过程。所谓城乡协调发展就是把

农村与城市作为一个社会有机体，统一规划、通盘考虑、构建同步共赢的良性互动关系的过程，也是整体盘活城乡资源，实现合理流动和优化配置、发挥各自优势、构建功能互补、共享发展机制的过程，更是加快城乡一体化发展的过程。2004年，党的十六届四中全会提出了"两个趋向"的判断，即"纵观一些工业化国家发展的历程，在工业化初始阶段，农业支持工业，为工业化提供积累是带有普遍性趋向；但

在工业化达到相当程度以后，工业反哺农业、城市支持农村，实现工业与农业、城市与农村协调发展，也带有普遍性的趋向。"同年底，在中央经济工作会议上，胡锦涛总书记指出："我国现在总体上已经到了以工促农、以城带乡的发展阶段"，宣告了城乡二元制度的历史使命业已完成，从此开启了城乡协调发展的进程。

加快城乡协调发展，是我国在新发展阶段必须要完成的重要任务，直接关系"中国梦"的实现。2012 年我国人均 GDP（按现价美元计算）为 6609 美元，2015 年为 8208 美元，连续四年人均 GDP 超过 6000 美元，这标志着我国已经进入了中高收入国家的行列，跨越"中等收入陷阱"问题接踵而来。随着世界经济放缓、我国经济步入新常态，能否顺利跨过"中等收入陷阱"，已不再是探讨的理论课题，而是紧迫的实践任务。探究战后发展中国家跨过或掉入"中等收入陷阱"的深层原因，可以归结为是否很好地解决了城乡协调发展问题。日本、韩国及台湾地区，在小农经济的基础上，政府通过扶持农民综合性合作社——农协，将分散的农村资源整合起来，以农民为主体，推进农业现代化，发展涉农产业，分享了农业后续产业的利益，使乡村的发展快于城市，达到城乡协调发展状态，支撑了经济发展和社会转型。与之相反，拉美一些国家，战后虽然实施了土地改革和农业现代化，但并没有解决广大农民无地或少地问题，特别是以大地产为基础的资本主义农业现代化的发展，迫使大量农民破产，无序地流入城市，导致"城市贫民窟"的形成，内需不足、贫富差距过大，导致了社会周期性动荡，经济社会发展缓慢。事实说明，农村与城市的良性循环、协调发展，是确保一国跨越"中等收入陷阱"的必要条件。

一、重新认识农村的战略地位

对于农村战略地位的认识，是一个与时俱进的发展过程。从坚持农业是国民经济的基础，到强调中国要强，农业必须强；中国要美，农村必须美；中国要富，农民必须富。农村的战略定位，内容更加丰富，战略地位更加重要。农村的发展，对于实现"中国梦"具有极为重要的意义。

农村是经济社会发展的基础。它的基础作用主要体现在两个方面：一是农业是确保粮食安全的基础。"粮食安天下"，粮食是维持中华民族生存和发展的必需产品。尤其是在人多地少、自然资源匮乏、人地矛盾日益紧张的条件下，高度重视农业的发展，推动农业增长，增加粮食产量，确保粮食长久安全，显得尤为重要。确保粮食安全的关键，就是保持粮食的自给率。因为随着世界人口的增长，粮食供应日益紧张，世界不可能为一个占世界人口五分之一的大国提供粮食。"谁来养活中国"论调的出现，反映了国际社会对中国粮食问题的忧虑。同时，粮食也是支撑国家自主的战略产品，在激烈的大国博弈中，粮食日益成为影响一国国家独立、主权完整的重要武器，"谁控制了粮食，谁就能控制人类"，谁就握有更大的胜算。二是农村是社会稳定的基础。"农村稳天下稳"，我国当前农村户籍人口占全国人口53%，其中，城乡两栖流动人口占大约10%，常住人口占约44%。农村承载着如此庞大的人口，农村经济社会的发展，对于整个国家稳定发展影响举足轻重。尤其是在经济新常态的环境中，农村稳定的发展可以确保我国经济调整的软着陆。2007年—2008年受美国次贷危机的影响，沿海地区外向型经济受到冲击，2500万农民工下岗、失业，返乡回家渡过难关，没有发生社会的动荡。目前，城市经济正在转型升级，大量中老年农民工返乡务农，缓解了城市就业压力，保证了经济调整的软着陆。

★ ★ ★ **精 彩 论 述** ★ ★ ★

　　深入推进新农村建设是兴农之要。在推进新型城镇化的大背景下，作为缩小城乡发展差距的重大战略举措，深入推进新农村建设，必须推进城乡公共资源均衡配置、城乡要素平等交换，稳步提高城乡基本公共服务均等化水平。

——新华社评论员

　　农村是经济发展的新增长点。农业、农村是国民经济发展的短板，也是经济发展的新增长点。近年来，政府通过发展现代农业、推动农村城镇化，实现了农村的快速发展。农民可支配收入增长快于城市居民可支配收入的增长，农村消费增长快于城市消费增长，城乡差距由2003年的3.31∶1，缩小到2015年的2.91∶1，极大地支撑了国民经济的转型调整。农村成为国民经济的新增长点，主要体现在三个方面：一是以农村信息化为基础，以农村电商网络平台为杠杆，推动城乡产业的整合，构建了"农业＋电商＋物流＋金融＋销售"的现代农业体系，"深耕农村"为国民经济注入新活力。二是以农产品为基础的食品产业成为新常态下增长速度最快的非周期性产业。从国际经验来看，发达国家工业食品的消费约占饮食消费的 90%，是消费主流，我国尚不足 30%，仍有巨大的成长空间。三是以绿色生态、农耕文化为基础的乡村旅游业，成为经济发展的新亮点。在三大黄金周期间，全国有 70% 的城市居民选择到乡村去旅游，每个黄金周形成约 6000 万人次的乡村旅游市场。近年来，乡村旅游景（区）点接待游客量超过 3 亿人次，旅游年收入超过 400 亿元。

农村是中华文明的教育基地。中华文明是生态文明，华夏民族是敬畏自然的民族，"天人合一"、"人与自然和谐"的理念，始终贯穿在几千年的农事活动中。众多"巧夺天工"、"天人合一"的农业生产系统，比如，都江堰水利工程、浙江青田稻鱼共生模式，云南元阳高山梯田等，是中华民族的智慧结晶，也是传承生态文明的鲜活案例。农村不再是落后、愚昧的象征，而是中华民族骄傲的场所。中华文明是农耕文明，农村是中华民族"血脉相承"的"根"据地，每个华夏儿女"上溯三代"都是农民，每个炎黄子孙都会"回归故里"，祭拜祖先、瞻仰祖宅，完成"认祖归宗"的"规定动作"。

名词解释 >>>>

浙江青田稻鱼共生模式

这是一种典型的生态农业生产方式，水稻为鱼类提供庇荫和有机食物，鱼则发挥耕田除草，松土增肥，提供氧气，吞食害虫等功能，这种生态循环大大减少了系统对外部化学物质的依赖，增加了系统的生物多样性。青田县自公元 9 世纪开始一直保持着这一传统的农业生产方式，并不断发展出独具特色的稻鱼文化，2005 年 6 月该系统被联合国粮农组织列为中国第一个世界农业文化遗产。

农村像一个磁铁吸引着我们每一个人。从这个意义上说，农村是农耕文明的体验基地，是中华民族扎根沃土的"根"据地。

综上所述，在新时期，农村不仅是粮食基地、劳动力蓄水池、城市经济的依附者，更是拥有城市不可替代的经济、文化、保障等多种新功能，成为我国经济社会发展的重要一极。

二、城乡协调发展的突破口：创新体制机制

农业是影响国民经济发展的短板，农村是影响全面小康社会建设的"洼地"，要在经济新常态的环境下，加快推进农村的现代化，增强农村的内生动力，就必须加大体制机制改革的力度。目前，我国改革已经步入深水区，风险加大、推进艰难，农村改革也不例外。

首先，改革现行土地经营制度难度大。众所周知，现代农业、加工业是以统一规划、集中管理、深度分工、规模经营为基础的，小规模、分散经营的农户，并不能适应现代产业发展的需要。这种不适应表现在三个方面：一是组织成本过高。建立一个现代农业基地，要与众多的小农户谈判、磋商，由于利益诉求的不一致性，往往因为一个两个农户的诉求不能满足，就会形成少数人绑架多数人的局面，导致功亏一篑。二是集中管理难。当市场进入追求质量和品牌的时代，创建名牌、获取口碑，必须实施标准化生产、统一管理、批量上市、实时监控，小规模、分散经营的农户，无法做到这一点。三是公共服务缺失。随着集体土地所有权的虚化、弱化，集体经济的"空壳化"，村庄失去了提供公共服务的主体，

也失去了提供服务和调节农户行为的能力，从而导致公共服务及生产服务的缺失。要实现农村与现代产业对接，与现代社会对接，就必须改变小农经济的格局，按照现代产业和社会的发展要求，改革现行土地经营制度。目前，土地制度改革的主要思路是：通过承包地的确权登记颁证，推动土地流转、合作、入股，实现规模经营。截至 2014 年 6 月底，全国农村承包耕地流转面积达 3.8 亿亩，占承包耕地总面积的 28.8%。但是，按照这个思路推进改革，从实践来看，面临农民流转土地意愿不强、基层推动土改意愿不强的困难。导致农民土地流转意愿不强的原因是"三个预期"的增强，即在经济新常态下土地保障功能增强、城镇化进程中土地升值预期增强以及获取政府补贴预期增强，农民宁愿选择"家庭经营＋农机服务化"的模式，而不愿意流转土地。可以说，这种模式是目前农民规避风险、获取利益的最佳选择。导致基层政府与干部推动土地制度改革意愿不强的重要原因是成本较高、矛盾较多。距第二轮土地承包至今有 20 多年，农户承包地的地形、地貌发生了巨大的变化，承包主体也发生了巨大的变动，目前，要确权到户到地，就要进行精准的测量、就要调节大量的承包权纠纷，甚至涉及历史上的地权确认问题，这就需要耗费大量的人力、财力、物力。同时，基层政府推动土地流转，也面临组织成本过高、缺乏人才与资金的问题。如何通过制度创新解决土地制度改革的难点，以现代产业发展为导向，实现邓小平同志讲的农村基本经营制度的"第二次飞跃"，是实现城乡协调发展的重要突破口。

其次，解决小城镇产业空心化难度大。《国家新型城镇化规划（2014-2020）》以及2016年国务院颁布的《关于深入推进新型城镇化建设的若干意见》明确了就地城镇化，尤其是中西部地区的就地城镇化，是我国推进新型城镇化的重要方向，中小城市及特色小城镇是城镇化的主攻重点，其将承担1亿人的城镇化任务。尽管正在开展的小城镇试点，从"户籍管理、土地管理、社会保障、财税金融、行政管理、生态环境等制度改革取得重大进展，阻碍城镇化健康发展的体制机制障碍基本消除"。但是，从各地情况来看，农民对小城镇兴趣不大，很多的农民是被上楼、被城镇化的。小城镇无业可就、生活成本增加是制约农民向城镇聚集的主要原因。小城镇产业发展困难受制于两个方面的制约：一是县域经济以及小城镇的产业发展，缺乏国家层面的总体设计和规划，因而导致县域产业发展、特色城镇的"精准扶持"机制缺位。目前，小城镇产业发展困难，难以承担就地城镇化的重任。二是农村宅基地制度的制约。按照目前宅基地的制度安排，农民的宅基地只能在集体成员之间转让，城市居民不能在农村购房。这种制度安排，

★ ★ ★ **精 彩 论 述** ★ ★ ★

城镇化是现代化的必由之路，是推动城乡、区域协调发展的有力支撑，对进一步加快推进社会主义新农村建设，全面建成小康社会具有重大现实意义。在一个13亿多人口的大国推进城镇化，同时保障国家口粮安全和谷物安全，没有先例可循，无法照搬国外模式，只能从社会主义初级阶段的基本国情出发，找准"三农"工作与城市工作契合点，遵循规律，因势利导，把握方向，使以人为核心的新型城镇化与社会主义新农村建设和农业现代化同举并进。

——新华社记者 王立彬

既影响了农民进城,也影响了城市居民下乡,致使小城镇无法吸引城市资金搞建设,不能聚集人气谋发展。

其三,建设农村金融体系难度大。金融服务"三农",支持新农村建设,已经喊了很多年,至今服务三农的农村金融仍未建立起来。相反,大量商业银行撤销了县以下的营业网点,改为集中服务城市,就连专为农村服务的信用社,也改制为商业银行,这样,不仅造成涉农金融体系缺失,而且导致农村资金大量的农转非,农村经济活动严重"缺血"。造成这种局面的制度原因有三:一是农民贷款抵押物的缺失。在现行金融体制下,农民向银行或信用社贷款必须具有不动产作为抵押物,以防范信用风险。然而,在现行土地制度下,农村土地归村民集体所有,农民只拥有耕地的承包权、宅基地的使用权,没有法律意义上的所有权,土地失去了作为抵押物的资格。因而,农民贷款难的问题成为始终解决不了的老大难问题。二是银行监控成本过高。银行面对大量分散经营、需要小额贷款的农户,要监控农户的经营状况,防止信用风险,必须投入大量人力、物力和财力,比大额贷款客户的监控成本要高,因而,商业银行不愿为农民提供金融服务。三是政策金融体系不健全、合作金融组织不发达。随着农业银行、农村信用社转型成为商业银行,为三农服务的政策银行仅剩下农业发展银行。农发行的主要任务侧重于为国家粮食收购、农村大型基础设施建设以及农业产业化提供资金支持,受职责所限不开展对农户所需小额贷款业务。而植根于农村、能够为农户生产经营活动提供资金支持的合作金融组织,目前,由于种种原因所致发展很慢。可以说,至今我国仍然没有一个健全的服务农村的金融体系。这不仅导致城市的资金没有渠道流向农村，反而，因为涉农银行的商业化，导致大量农村资金走向城市，严重地影响了农村的发展。

综上所述，基于经济体制机制创新的视角，归纳了体制改革的三大难点，作为进一步推进城乡协调发展的突破口。

三、城乡协调发展的路径：再造农村发展动力

加快城乡协调发展，一个绕不开的问题，就是选择以资本为主导的农村现代化道路，还是选择以农民为主导的农村现代化道路。因为它是制定法律、设计政策的基础。笔者认为无论从什么角度来看，我国要坚定地走农民主导的、农民共享发展红利的农村现代化道路，由此，再造农村内部动力，发展现代农业，推动城乡对接，是一个可行的方案。

首先，大力发展农民合作社，培育农民自己的经济组织。农民合作社是代表农民利益的，调节农村资源配置的，提高农民竞争能力的农民自组织。农民合作社可以发挥四个方面的作用：一是发挥基地组织者和管理者的作用，负责生产基地的建设和管理。二是发挥合作者的作用，与食品加工企业合作，构建加工链条，实现利益共享。三是发挥农产品加工和销售者的作用，直接实现从田野到餐桌的过程，获取附加价值。四是发挥农村金融互助组织的作用，为农户生产生活提供小额贷款、为农民的财富保值增值。（见图1）截至2015年，我国已有农业专业合作社147.9万

个，入社农户 133.74 万户。但是，由于合作社规模较小、资金匮乏、人才不足，导致合作社难以发挥应有作用。推动城乡协调发展的重要工作，就是要大力扶持农民合作社做大做强、鼓励县域合作联社组建，尽快提高农民的组织化水平、增强谈判能力和产业扩展能力，让农民有实力与工商资本合作，有能力共享农村的发展红利。目前，要加快农民合作社的发展，就必须创新体制机制。一是制定和颁布农民合作社法，确立农民合作社的合法地位、明确合作联社的法人地位，允许合作社开展信用合作。二是更加尊重农民的意愿，加快农村土地制度改革，允许农民选择土地承包权的确权方式，既可以确权到地，也可以确股到户，在土地权益明晰的基础上，推动农民以土地承包权或集体土地股权参加合作社，解决小农分散经营的问题。三是建立合作社骨干培训机制，有计划、有目标地培养致力于农民合作事业的人才，为合作社健康发展做好人才的储备。四是创新"精准扶社"的项目机制，整合涉农项目向合作社集中，强化对合作社的扶持力度。

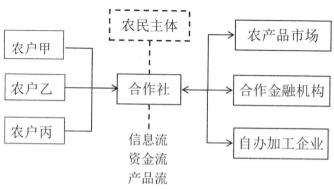

图 1　农民合作社作用示意图

其次，以合作金融组织为基础，对接商业金融机构和政策性金融机构，形成服务三农的金融体系。农民合作社是农村经济活动的管理者和组织者，掌握着农户经营的信息流、资金流、产品流，了解农户的经营状况，可以将农户小额贷款转变为大额贷款，可以将分散监管转变为集中监管，解决了商业银行监管困难、成本过高的问题。同时，农民合作社在法律上是集体土地的所有者，拥有国家确权颁发的集体土地所有权证，可以解决抵押物缺失的问题。再者，农民合作社可以依法开展信用合作，将社员的闲置资金集中起来，投资合作社经营的项目，解决农村资金短缺、农村资金非农化的问题。有合作社作为市场主体，商业银行作为中间环节，政府可以通过贴息、低息、担保等手段，通过商业银行向农民合作社发放中长期贷款，扶持农民合作社产业的发展。如此一来，就可以形成三个层面的金融扶持机制，即农民合作社内部的资金互助层、商业银行的贷款层、政策金融的支持层，从而缓解了农村资金非农化、破解了农村发展的资金瓶颈。

其三，以农村特色小镇为载体，构建推动农村城镇化的"精准扶镇"体制机制。一是根据我国城市网络体系的规划，制订以

◇◇◇ 专家观点 ◇◇◇

　　小城镇发展要注意整体规划，应该"谋定而后动"，在产业、文化、生态、智慧生活等领域通盘考虑，并注重项目间的协调与促进，避免"摊大饼"和一哄而上。在发展定位和项目选定方面宁可放慢一点，做好整体规划，给未来发展留有余地。

——住房城乡建设部总经济师　赵晖

县为单位的农村特色小镇发展规划，综合考虑国家主功能区建设、美丽乡村建设、产业带建设以及新型城镇化规划，对农村特色小镇的功能、产业、用地、环保、建筑、数量等方面，进行合理的定位和科学的设计，防止小城镇空心化、雷同化。同时，以立法的形式固定下来，避免"照规夕改"，规划落地没有延续性。二是建立小城镇特色产业的政策扶持机制，在项目立项、贷款、税收、国家投资等方面给予小城镇优先安排，鼓励城市工业下移，落户小城镇，深度开发和利用当地农村资源，形成具有区域特色的优势产业，支撑农村的就地城镇化。三是以特色小镇为突破口，改革农村宅基地制度和土地管理制度，探索助推小城镇发展的土地制度。第一，允许农民以村庄的宅基地置换小城镇的宅基地。第二，允许农民建房节约的宅基地变现，筹措进城的资金。第三，允许城市居民与农民合资建房，或购买农民在小城镇出售的房屋，具有商品房的产权。第四，小城镇政府可以通过整理农民宅基地，冲减土地指标后，多余部分可以用于发展产业园区或休闲园区的建设。这种小城镇土地制度的设计基于四大理念：即土地资源集约节约的利用、促进农民向小城镇迁移、引入城市居民资金及消费、推动小城镇的产业发展。在特定区域、有限放开农村宅基地的市场，有助于形成小城镇的极化效应，吸附农民、城市居民、工商企业向小城镇集聚，必然推动资金、技术、信息下乡，推动小城镇加工业、服务业的发展，创造大量就业岗位，实现农民的就地转移。与此同时，并未对现行土地制度的总体架构形成冲击。

（石霞　中共中央党校经济学部教授）

❹ 如何实现绿色发展？

我们要坚持节约资源和保护环境的基本国策，坚定走生产发展、生活富裕、生态良好的文明发展道路，使绿色发展成为实现建成全面小康社会奋斗目标和推进现代化建设的重要引领之一。

　　党的十八届五中全会通过的《中共中央关于制定国民经济和社会发展第十三个五年规划的建议》（下文简称《建议》），对我国"十三五"经济社会发展全局进行顶层设计和战略谋划，要求必须牢固树立创新、协调、绿色、开放、共享的五大发展理念，这是关系我国发展全局的发展理论重大创新。《建议》进一步确立了生态文明建设在"十三五"经济社会发展中的战略地位，要求坚持节约资源和保护环境的基本国策，坚定走生产发展、生活富裕、生态良好的文明发展道路，并提出了与全面建成小康社会相适应、实现"生态环境质量总体改善"的目标，使绿色发展成为实现建成全面小康社会奋斗目标和推进现代化建设的重要引领之一。

　　党中央用绿色发展这种新发展理念来指导我国改善生态环境，建设生态文明。而新发展理念背后是有着深厚理论支撑的。习近

绿色发展保障和谐永续

新华社发　陈聪颖　作

平总书记在 2016 年 1 月 18 日中共中央党校举行的省部级主要领导干部学习贯彻十八届五中全会精神专题研讨班开班式上就是着重从理论上阐述了这一新发展理念。

绿色发展的一个重要理论支撑是生态经济学。生态经济学是生态学与经济学的跨学科交叉综合，是一门对西方主流经济学及资本主义发展模式批判而产生的新兴经济学，针对资本主义过度追求经济增长而导致的严重的生态环境问题应运而生。生态经济学与西方主流经济学不同，生态经济学不再把生态环境作为一种给定的外界投入品，而是作为可以带来经济效益的资源，把生态环境所提供的生产方式看成为资本的一种类型，称为自然资本。自然资本指太阳能、土地、矿石、化石燃料、水、生物体等自然资源及生态环境各组成部分相互作用提供给人类的服务。

自然资本是生态经济学的中心范畴。2015 年 9 月，中共中央与国务院共同印发的《生态文明体制改革总体方案》[1]（下文简称《方案》）把自然资本作为生态文明领域改革顶层设计的核心理念，强调"自然生态是有价值的，保护自然就是增值自然价值和自然资本的过程"。生态经济学围绕着自然资本阐发了三大原理：一是实现可持续的经济增长；二是公平分配自然资本；三是有效配置自然资本。这三大原理和我国绿色发展的政策与实践有着紧密联系。

---

1. 2015 年 9 月 11 日，中共中央政治局召开会议，审议通过了《生态文明体制改革总体方案》。习近平总书记主持会议。会议认为，《生态文明体制改革总体方案》是生态文明领域改革的顶层设计。

一、实现可持续的经济增长

实现可持续的经济增长，就是要协调经济增长与生态环境保护间的关系，首先要分析生态系统与经济系统的关系。现在的普遍观念一直把生态作为经济的子系统，认为生态系统是经济系统的自然资源供给和废弃物处理部门。因此，经济系统可以无限地扩大，而生态系统的自然资源供给和废弃物处理能力也可以随着经济系统的扩大而扩大。

然而，在科技能达到的范围内，目前宇宙中只有地球能提供给我们人类生存所需要的生态环境。[1]生态经济学认为，生态不是经济的子系统，经济才是生态的子系统。如果相对于更大的生态系统而言，经济子系统的规模较小。在这种情况下，经济子系统就可以扩张，称之为"空的世界"。在"空的世界"中，经济增长的生态环境成本可以忽略不计。但是自从工业革命以来的两百年多年间，全球人口、经济飞速增长。经济系统大幅扩张。人类已经从"空的世界"迈入"满的世界"——经济系统已经开始扩张到撑满生态系统的状态。[2]

---

1. 虽然美国国家航空航天局在 2015 年 7 月 24 日宣称在天鹅座发现了一颗与地球相似的类地行星开普勒 -452b，但是这个类地行星距离地球过于遥远，相距 1400 光年。
2. 参见 Herman E. Daly, Joshua Farley. Ecological Economics: Principles and Applications, Second Edition. Washington, DC: Island Press, 2010, pp.17-18.

　　世界自然基金会的"生态足迹"研究[1]，便验证了人类社会已经进入"满的世界"。生态足迹指要承载一定生活质量的人口，需要多大的可供人类使用的自然资源及能够吸收废弃物的生态系统。自 20 世纪 70 年代以来，全球进入了生态超载状态。此后，人类每年对地球的需求都超过了地球的可再生能力（称为"全球生态承载力"）。2008 年，全球生态足迹达 182 亿全球公顷[2]，人均 2.7 全球公顷。同年，全球生态承载力为 120 亿全球公顷，人均 1.8 全球公顷。生态足迹是地球再生能力的 1.5 倍，也就是说，2008 年全球"生态赤字"率达 50%。这意味着需要 1.5 个地球才能养活人类。

　　而中国的情况更为严峻。2008 年，中国的人均生态足迹为 2.1 全球公顷，低于全球平均的人均生态足迹，但也高于全球人均生态承载力水平，排名世界第 74 位。中国生态足迹总量 2008 年达到 29 亿全球公顷，尽管中国的人均生态足迹仅为世界平均水平的 80%，但由于人口数量大，其生态足迹总量是全球各国中最大的。自 20 世纪 70 年代初，中国消耗自然资源的速率开始超过其再生能力，出现"生态赤字"，与全球大部分国家类似，中国自此一直处于"生态赤字"之中。2008 年，中国人均生态足迹是其人均

1. 参见世界自然基金会 . 中国生态足迹报告 2012[R].http://www.wwfchina.org/wwfpress/publication/shift/footprint2012.pdf, pp.8-12.
2. 全球公顷是生态足迹的单位。全球公顷的核算运用产出因子将各国的土地生物生产力归一到全球平均生物生产力（比如，将英国每公顷土地的小麦产量与全球平均小麦产量对比，从而得出相应的产出因子），并用均衡因子来平衡不同类型土地的全球平均生物生产力（比如全球平均林地生产力）。

生态承载力（0.87 全球公顷）的将近 2.5 倍。这意味着如果全球人均生态足迹与中国人一样，需要 2.5 个地球才能养活。

　　由于地球上的自然资源是有限的，废弃物的累积的空间也是有限的，过度消耗自然资源、过度产生废弃物的经济增长模式不能无限度地持续。正如习近平同志在 2013 年 5 月 24 日中央政治局第六次集体学习时所指出的："决不能以牺牲环境为代价去换取一时的经济增长"。[1]

　　我们需要改变上面这种不可持续的经济增长模式，协调好经济系统与生态系统的关系，使经济系统在生态系统的界限内合理增长，这便是《方案》中总结的一条理念——"树立空间均衡的理念，把握人口、经济、资源环境的平衡点推动发展，人口规模、产业结构、增长速度不能超出当地水土资源承载能力和环境容量。"

　　那么，如何实现经济可持续增长呢？ 2013 年 9 月 11 日在大连举行的夏季达沃斯论坛上，李克强总理发表了开幕致辞，指出"中国经济发展的奇迹已进入提质增效的'第二季'，后面的故事会更精彩。"[2] "提质增效"便是实现可持续的经济增长的核心。"十三五"规划纲要进一步提出"以提高发展质量和效益为中心"。对于生态系统与经济系统的关系而言，"提高发展质量和效益"，要减少使用自然资源及减少产生废弃物，循环使用废弃物，提升

---

1. 习近平主持中共中央政治局第六次集体学习 [N] 人民日报海外版,2013-05-25.
2. 李克强在 2013 夏季达沃斯论坛开幕式上的致辞, 中国青年网, http://news.youth.cn/gn/201309/t20130911_3863825.htm.

能源效率，增加使用可再生能源，这就是绿色发展。

　　绿色发展意味着，不仅经济系统提供的生产方式，即用于提供商品与服务的生产资料——我们称为物质资本——得到了质量和效益的提高；而且生态系统提供的生产方式，即自然资本也得到了质量和效益的提高。而物质资本与自然资本构成了人类幸福的两个基本实体来源。绿色发展提高了物质资本与自然资本的质量和效益，进而提升了民众的幸福感与获得感。因此，习近平总书记多次强调"生态兴则文明兴，生态衰则文明衰，关系人民福祉，关乎民族未来""良好生态环境是最普惠的民生福祉"[1]。

★★★ 精彩论述 ★★★

　　党的十八届五中全会提出的绿色发展理念，立足平衡发展需求和资源环境有限供给之间的矛盾，着力解决当前生态环境保护的突出问题，把绿色发展作为"十三五"乃至今后更长时期必须坚持的重要发展理念，充分体现党中央对中国特色社会主义事业五位一体总布局的深刻把握，体现了我们党对人民福祉、民族未来的责任担当，对人类文明发展进步的深邃思考，必将为如期全面建成小康社会，推进美丽中国建设以及为全球生态安全作出新贡献提供科学理念指导和有力政策支撑。

——新华社评论员

　　一直以来，经济增长的评价、测度指标是国内生产总值（GDP），一般认为 GDP 的上升代表着人们幸福感的上升。1974 年，美国南加州大学经济学教授理查德·伊斯特林提出了以他名字命名的一个

---

1. 黄浩涛.生态兴则文明兴　生态衰则文明衰——系统学习习近平总书记十八大前后关于生态文明建设的重要论述 [N] 学习时报 ,2015-03-30.

关于经济增长与幸福之间关系的"伊斯特林悖论"。"伊斯特林悖论"的内容是，在满足了基本需要之前，幸福与经济增长的相关度较大，在满足了基本需要之后，幸福与经济增长的相关度不大。这个悖论诞生之后一直是经济学界讨论的焦点。近年来，伊斯特林和他的同事又重新审视了自己提出的悖论，在 2010 年发表了新的研究成果。他带领研究团队收集了世界范围 37 个国家的幸福感数据，跟踪了每个抽样国家到 2005 年为止 12 至 34 年的数据，发现幸福感的改善与人均 GDP 的增长率没有显著关系。最为特殊的是我国，近 20 年来，人均 GDP 年均增速近 10%，但是民众的幸福感还是下降了。[1]

在绿色发展模式下，就很好解释"伊斯特林悖论"了。由于自然资本也是幸福的重要来源，GDP 所代表的货币收入只衡量了物质资本，没有衡量自然资本，当然难以完全反映人们的幸福。正如由法国时任总统萨科奇委任、诺贝尔奖获得者约瑟夫·斯蒂格利茨和阿玛蒂亚·森领导的顾问团发布的报告称，金融危机席卷全球如此出乎人们意料，原因之一是监控系统失灵了。市场参与者与政府官员并没有把注意力放在正确的统计指标上。GDP 被作为经典指标广泛引用，它并不能很好地衡量总体幸福，而且这

---

1. 参见 Easterlin, R.A., Mcvey, L. A., Switek, M., Sawangfa, O. and Zweig, J.S., 2010, "The happiness-income paradox revisited", Proceedings of the National Academy of Sciences of the United States of America, Vol.107(52), pp.22463-22468.

其实已经有一段时间了。[1] 2015 年 7 月，斯蒂格利茨在接受法国《世界报》采访时，进一步指出必须重新定义经济增长，让经济增长能够反映经济活动的可持续性。[2]

这需要用新的指标来评价、测度绿色发展。从原理上就是要搞清生态系统与经济系统的边界，测度出自然资本的数量及其质量和效益。《方案》部署通过建立资源环境承载能力监测预警机制及探索编制自然资源资产负债表等措施来做基础性工作。具体的绿色发展指标体系正在研究中，以实现十八大报告提出的"要把资源消耗、环境损害、生态效益纳入经济社会发展评价体系，建立体现生态文明要求的目标体系、考核办法、奖惩机制"。

二、公平分配自然资本

1995 年诺贝尔经济学奖得主罗伯特·卢卡斯曾这样写道："在那些有损于合理的和严谨的经济学说的倾向当中，我个人认为最有害的是对资源和收入分配的过多关注。这时候，一个美国家庭的孩子可能刚刚出生，而一个印度家庭的孩子也可能刚刚降临人世。这位新出生的美国人在任何一个方面可以支配的资源，将是其新出生的印度兄弟的 15 倍。在我看来，这是一个非常可怕的错误，需要我们采取措施来纠正。但是不需要由富人向穷人转移资源和财

---

1. 参见 Marie Leone, 2013, "Stiglitz: GDP Blinded Us to the Crisis", CFO. com, (09-29). http://www.cfo.com/printable/article.cfm/14443847.
2. 应对气候挑战或有助刺激经济增长 [J]. 新华社参考资料 ,2015-07-28.

富，通过重新分配现有的世界总产出来提高低收入人群生活水准。
而是要通过增加全球总产出来提高低收入人群生活水准。"[1]

很多人和卢卡斯一样认为只要经济增长了，每个人都能从总
增长里分配到更多，分配不公平的问题就会自动解决。其实，这
直接无视了公平分配的问题。我们来看看美国自身的实际情况，
就很容易发现卢卡斯这个论断存在的问题。两位法国经济学家托
马斯·皮凯蒂和伊曼纽尔·赛斯的研究显示，美国社会收入差距
在 1940—1970 年间保持较低水平，随后不断扩大。2011 年美国
0.01% 的最富裕人口拥有 3.15% 的国民收入，且这部分人收入增
长最快。如果加上资本收益，2011 年美国 0.01% 的最富裕人口拥
有 4.48% 的国民收入。[2]

自然资本的分配也存在不公平的状态：比如自然资源价格过
低、自然资源开发的社会成本补偿不足等。如果定量加上自然资
本的价值，分配不公平的情况会更加严重。

自然资本的分配问题不仅存在于穷人与富人之间，也存在于
穷国与富国之间。近几十年来，大部分发达国家都注意到了自己国
家环境的恶化，它们通过立法控制某些污染以及资源枯竭，在某
种程度上这些措施产生了更高的效率，减少了污染性产品的消费，

---

1. 参见 Lucas, Robert E. J r., 2004, "Industrial Revolution: Past and Future", The Region, Annual Report, Federal Reserve Bank of Minneapolis, May, pp. 5-20.
2. 参见 Dylan Matthews, 2013, "How the ultra-rich are pulling away from the 'merely' rich", Washington Post, (02-19).

改善了污染控制技术。但很多时候，这只是将污染和资源开采产业转移到了没有这类环境法律的发展中国家。发达国家的环境改善是以发展中国家的环境恶化为代价的。而且，发展中国家管制污染、处理污染能力与要求大大低于发达国家。如果生产相同产品，发展中国家会比发达国家产生更多的污染。

我国目前已经成为了世界工厂、第一贸易大国。与此同时，我国遭受发达国家的污染转移的情况也十分严重。研究表明，2010年美国通过国际贸易向我国净转移 6.7 亿吨二氧化碳，欧盟各国通过国际贸易向我国净转移 5.7 亿吨二氧化碳。[1] 据美国能源部估计，2010 年中国二氧化碳排放量是 82.8 亿吨。[2] 据此粗略计算，仅仅美国、欧盟就通过国际贸易向中国转移了约 15% 的中国二氧化碳排放总量。

代际分配也是一个重要问题。消费主义盛行导致过度消费，进而导致了以金融行业为代表虚拟经济的急剧膨胀，借贷迅速增长，超过了实体经济的承受能力，超过了自然资源的使用限度。2008 年从美国肇始的次贷危机便是最好的案例。美国人花光储蓄后，又借了数万亿美元，继续花着还没有挣来的钱。而为了获得美元，世界上数百万的人乐意提供商品和服务。全球抢购风以及总产出的急剧上升，推升了石油的需求，并导致世界石

---

1. 参见中国人民大学气候变化与低碳经济研究所 . 中国低碳经济年度发展报告（2012）[M]. 北京 : 石油工业出版社 , 2012, pp.382-385.
2. 美国能源部二氧化碳信息分析中心（CDIAC）数据库: http://cdiac.ornl.gov/CO2_Emission/timeseries/national.

油价格的上涨。石油价格的急剧上涨引发了全球供应链中从谷物到汽油等物品价格的上涨。2008 年 7 月，当石油价格飙升至创纪录的每桶 147 美元时，全球范围内的购买力崩溃终于发生了。60 天后，由于大量借款未得到清偿，银行业停止了放贷，股市崩溃。这便是影响至今的金融危机的源头。消费主义导致当代人过度使用自然资本，而下一代面临自然资源匮乏、生态环境恶化的艰难局面。

自然资本分配的前提明确界定自然资本的产权。我国宪法第九条规定："自然资源的矿藏、水流、森林、山岭、草原、荒地、滩涂等自然资源，都属于国家所有，即全民所有；由法律规定属于集体所有的森林和山岭、草原、荒地、滩涂除外。"但是，我国自然资本的产权并不明晰，存在着所有者不到位、所有权边界模糊等问题。因此，《方案》要求"坚持自然资源资产的公有性质，创新产权制度，落实所有权，区分自然资源资产所有者权利和管理者权力，合理划分中央地方事权和监管职责，保障全体人民分享全民所有自然资源资产收益。"

我国自然资本的公有性质需要更加重视公平分配，十八届四中全会要求"健全以公平为核心原则的产权保护制度"，习近平总书记指出"良好生态环境是最公平的公共产品"[1]。这需要处理好三大关系：

第一，处理好穷人与富人的关系。过于贫穷的人不会考虑生

---

1. 习近平总书记系列重要讲话读本 [M]. 北京：学习出版社，2014.

态可持续的问题，他们为了生存不得不破坏土壤、砍伐森林、过度放牧并忍受严重的污染。过于富裕的人消耗了大量有限的资源，对生态系统不负责任地索取。这意味着未来不能用这些资源来提高穷人的幸福。在 2020 年实现全国贫困人口全面脱贫、贫困县全面摘帽的目标下，生态扶贫是协调好穷人与富人的自然资本分配的一项有效措施。

第二，处理好欠发达区域与发达区域的关系。对国际而言，我国坚持共同但有区别的责任原则、公平原则、各自能力原则来进行全球自然资本的分配，应对发达国家的污染转移，限制高污染、高能耗产品贸易，鼓励绿色产品贸易，还要积极参与全球环境治理，承担并履行好同发展中大国相适应的国际责任。对国内而言，我国根据资源环境承载能力、生态系统特征，划分了不同主体功能区。《方案》提出"根据城市化地区、农产品主产区、重点生态功能区的不同定位，加快调整完善财政、产业、投资、人口流动、建设用地、资源开发、环境保护等政策"。进而，协调好欠发达区域与发达区域的自然资本分配。

第三，处理好当代人与后代人的关系。当代人有责任保存足够的自然生态资源，保障后代人对提供令他们满意的生活质量所需要的资源的权利，给子孙后代留下天蓝、地绿、水净的美好家园。

从这三大关系整体上看，我国还需要完善体现区域补偿及代际补偿的生态补偿机制，通过中央财政转移支付、横向生态补偿机制等方式实现公平分配自然资本。"十三五"规划纲要强调"加快建立多元化生态补偿机制，完善财政支持与生态保护成效挂钩机制。"

★ ★ ★ **精彩论述** ★ ★ ★

　　坚持绿色发展是实现全面小康和可持续发展的必然选择，也是通往人与自然和谐境界的必由之路。只有从本质上深刻理解、在全局中准确把握绿色发展理念的丰富内涵和具体要求，才能把绿色发展理念变成积极主动的作为，开创生态文明建设新局面。

——新华社评论员

三、有效配置自然资本

　　十八届三中全会提出要发挥"市场在资源配置中的决定性作用"，在经济学理论上看，这需要基于一个重要的前提——资源稀缺性。稀缺的资源同时具有竞争性与排他性，可以通过市场来有效地生产和分配。竞争性是某些资源的内在属性，即一个人对资源的消费和使用会减少其他人可以使用的资源数量。排他性是指资源的产权只允许所有者使用，同时阻止其他人使用。排他性需要产权制度的保护，即需要政府或社会组织为没有能力保护自己财产的人签订社会协议，使他们的资源具有排他性。

　　自然资本根据资源稀缺性可以分为资源性产品、可再生能源、生态产品、可再生生物资源及废弃物吸收能力等几类。自然资本不完全具有稀缺性，因此市场难以有效地配置。我们要具体分析各种不同类型的自然资本的属性，来判断其稀缺性，既使市场起决定性作用，又能更好地发挥政府作用来有效配置自然资本。

　　资源性产品主要指水、不可再生能源、矿产、土地四大类产品，具有有限的、不可再生的特点。因此，资源性产品具有竞争性与排他性，可以通过市场直接配置。但是资源性产品的开发过程都会污染或破坏环境，这些成本没有包含在市场配置自发形成的资源性产品的价格，即"外部性"，因此，需要政府对这种"外部性"定价加入到资源性产品的价格中。而且还要考虑到后代对资源性产品的使用，可以赋予后代人一定量的资源的产权，只有能够补偿后代生态价值相等的其他资源，当代人才可以使用这些资源。十八大报告提出"要深化资源性产品价格和税费改革"。《方案》制定了一整套具体措施，一方面推动价格改革，"按照成本、收益相统一的原则，充分考虑社会可承受能力，建立自然资源开发使用成本评估机制，将资源所有者权益和生态环境损害等纳入自然资源及其产品价格形成机制。加强对自然垄断环节的价格监管，建立定价成本监审制度和价格调整机制，完善价格决策程序和信息公开制度"；另一方面推动税费改革，"理顺自然资源及其产品税费关系，明确各自功能，合理确定税收调控范围。加快推进资源税从价计征改革，逐步将资源税扩展到占用各种自然生态空间"。

　　可再生能源指太阳能、风能、水能、生物质能、潮汐能等，其实这些资源都来自太阳。这些资源原本没有竞争性与排他性，但是利用这些可再生能源一般要通过具有竞争性与排他性的设施来发电、供热。因此，这些资源的价格主要来自这些设施的成本。美国著名学者杰米里·里夫金在《第三次工业革命》中指出可再生能源已经成为第三次工业革命的动力。发达国家都高度重视可再生能源的发展，由于可再生能源比煤、石油、天然气等不可再生能源的利用成本高，因此为了鼓励可再生能源的发展，政府给予了一定的补贴。十八大报告明确提出"支持节能低碳产业和新能源、可再生能源发展"，但是我国当前还对不可再生能源进行补贴，因此《方案》提出"加强对可再生能源发展的扶持，逐步取消对化石能源的普遍性补贴"。

★ ★ ★ 精彩论述 ★ ★ ★

要加快生态文明制度建设，为我国实现绿色发展提供制度保障。这包括，加快生态文明体制改革，形成完备的法律法规、严格的政府监管，充分利用市场手段、动员全民参与，将这些制度和政策落实到从生产活动布局、生产和生活中的污染控制，到生态环境修复、自然资源资产审计和责任追究等所有环节。

——新华社评论员

生态产品指维系生态安全、保障生态调节功能、提供良好人居环境的自然要素，比如清新的空气、清洁的水源和宜人的气候等，自然风光旅游业是典型的生态产品。生态产品不具有排他性，大部分也不具有竞争性。因此无法用市场确定价格来有效配置。通常的解决方法是，给生态产品进行货币化估值。十八大报告中提出"增强生态产品生产能力"。但是，我国发展自然风光旅游业的最大问题是货币化估值不合理，一方面对旅游资源的开发不合理，另一方面对生态环境的保护不佳。针对这一问题，"十三五"规划纲要提出要"丰富生态产品，优化生态服务空间配置，提升生态公共服务供给能力。加大风景名胜区、森林公园、湿地公园、沙漠公园等保护力度，加强林区道路等基础设施建设，适度开发公众休闲、旅游观光、生态康养服务和产品。加快城乡绿道、郊野公园等城乡生态基础设施建设，发展森林城市，建设森林小镇。打造生态体验精品线路，拓展绿色宜人的生态空间。"

可再生生物资源包括森林、野生动物等在内的生物资源。这些资源具有竞争性和潜在的排他性，这依赖于政府或社会机构是否界定其产权。一旦这些资源被界定了产权，就可以通过市场对其有效配置了。集体林权制度改革从新中国成立后一直在推进。十八届三中全会指出"健全国有林区经营管理体制，完善集体林权制度改革"。《方案》要求"完善集体林权制度，稳定承包权，拓展经营权能，健全林权抵押贷款和流转制度"。我国目前还缺乏确定野生动物的产权，来市场化保护的政策措施。

废弃物吸收能力是生态系统对经济系统产生的废弃物的处置能力，直接与生态系统的环境容量相关。废弃物吸收能力是有竞争性的，但是没有排他性。因此，可以由政府或社会机构界定废

名词解释 >>>>

水权交易

水权交易是以"水权人"为主体。水权人可以是水使用者协会、水区、自来水公司、地方自治团体、个人等，凡是水权人均有资格进行水权的买卖。水权交易所发挥的功能，是使水权成为一项具有市场价值的流动性资源，透过市场机制，诱使用水效率低的水权人考虑用水的机会成本而节约用水，并把部分水权转让给用水边际效益大的用水人，使新增或潜在用水人有机会取得所需水资源，从而达到提升社会用水总效率的目的。

弃物吸收能力的产权，使之具有排他性，成为排污权或排放权，这样也可以通过市场对其有效配置。十八大报告指出"积极开展节能量、碳排放权、排污权、水权交易试点"。十八届三中全会要求"推行节能量、碳排放权、排污权、水权交易制度"。"十三五"规划纲要更细化提出"建立健全用能权、用水权、碳排放权初始分配制度，创新有偿使用、预算管理、投融资机制，培育和发展交易市场"。《方案》提出了一些具体措施推进这些交易制度的建立。碳排放权交易市场的建设最为成功，2011 年 11 月，国家发改委把北京、上海、天津、重庆、深圳、广东和湖北确定为首批碳排放交易试点省市。截至 2016 年 3 月 9 日，七个试点的碳排放权累计交易量约为 4854 万吨，交易额达 13.8 亿元人民币。碳排放权交易市场将于 2017 年覆盖全国，据国家发改委估计，我国如果建成全国市场，如果加入期货交易，交易额将达 600 亿到 4000 亿元人民币。[1]这将为绿色发展提供巨大的经济杠杆。

（郭兆晖　中共中央党校经济学教研部副教授）

---

1. 参见发改委：全国碳交易市场将在 2016 年启动，中国经济网，http://www.ce.cn/xwzx/gnsz/gdxw/201502/04/t20150204_4516588.shtml.

❺ 如何更好实现开放发展？

中国持续三十多年的迅速发展，得益于对外开放。展望未来，在"十三五"以及更长时期，"开放"作为核心发展理念之一，将为中国经济改革发展提供永续动力。

自 2001 年中国加入世界贸易组织以来，中国经济与世界经济的融合度不断提升，中国不仅成为经济全球化的受益者、世界经济增长的推动者，也成为世界贸易格局、世界投资格局、世界经济版图的塑造者，同时也成为全球治理的参与者、成为担负国际责任的大国。从某种意义上讲，中国已经实现了从全球化的被动接受者向全球化的积极参与者和影响者的逐步转化。

一、"十三五"时期我国经济发展面临的国内外环境

（一）国际经济环境

世界经济虽已表现出温和复苏迹象，但仍面临基础不稳、动力不足、速度不均等问题。"十三五"时期，世界经济将步入稳定发展新阶段，随着我国的崛起，大国利益与国际竞争格局将发生新变化，作为全球贸易投资及国际经济合作的最活跃参与方，新型经济体的作用及影响力将继续处于上升势头，全球区域经济合作将进一步加强，合作形式将不断创新，具体表现在以下几个方面。

一是世界经济将逐步回归稳定增长期。金融危机导致的世界经济下行趋势将基本结束，发达国家将加快对其经济发展模式的修复与调整，发展中国家也将进行经济结构的重新定位，预计全球经济增长可稳定在 3.5% 左右，发达国家平均增速将略高于 2%，发展中国家平均增速约为 4%，新兴经济体高速增长格局有所减缓，但仍可维持 5% 左右增速。

二是区域经济一体化进程加快。当前，全球化陷入低谷的主

要原因是全球化中的利益分配不均以及发达国家在全球化进程中的收益减少，所以发达国家推动全球化的意愿降低。但无论是发达国家还是发展中国家都会逐渐认识到，贸易保护主义的兴起对全球经济增长是不利的，从而转向推动区域经济一体化及自贸区建设。全球多边贸易体制将进一步发挥其在推动全球贸易投资自由化方面的积极引导作用，并在推动形成国际多边贸易投资体制方面有所突破。

三是国际分工呈扁平化发展趋势。以互联网为平台的新一轮产业结构调整及商业模式创新正在迅猛发展。国际产业链条上高劳动生产率的竞争优势与低劳动力成本的竞争优势之间相互配置机会增多，"微笑曲线"趋向扁平化，模块生产、电子商务、定制服务、服务外包、特许经营、技术许可等非股权化的国际生产经营模式日益重要，国际分工体系将会进一步呈现多元化特征，产业结构的开放效应进一步显现，新的技术革命及"互联网+"

名词解释 >>>>

微笑曲线

由宏碁集团创办人施振荣先生提出，是宏碁发展的策略方向。即一条微笑嘴型的曲线，两端朝上，在产业链中，附加值更多体现在两端，即设计和销售，处于中间环节的制造附加值最低。在附加价值的观念指导下，企业体只有不断往附加价值高的区块移动与定位，才能持续发展与永续经营。当前制造产生的利润低，全球制造也已供过于求，但是研发与营销的附加价值高，因此产业未来应朝微笑曲线的两端发展，也就是在左边加强研展创造智慧财产权，在右边加强客户导向的营销与服务。

等模式将对我国产业升级形成新的挑战。

四是市场开放和投资便利化加速推进。进一步降低关税和消除阻碍要素跨境流动的障碍、降低交易成本、建立高效的贸易投资便利体系等将成为多双边、区域经贸合作的重要内容,国际贸易单一窗口建设将取得重大进展,新的全球贸易规则影响增强,市场准入、国民待遇、产业竞争政策、投资促进等都会向有利于投资便利化方向发展。

(二)国内经济环境

1.国内经济环境新特点

我国经济在"十二五"时期基本处于经济增长的换挡期、经济结构的调整期、前期刺激政策的消化期,随着经济体制改革的深化,市场在资源配置中的作用不断强化,加之已形成的开放型经济发展优势,"十三五"时期,我国开放型经济的发展环境也将呈现出新特点。

一是高标准的对外开放格局基本形成。在国内四大自贸区的实践基础上,我国将基本形成高水平对外开放新格局。随着制造业和服务业领域的不断开放,经济结构调整将初见成效,政府职能的转变和法制营商环境的建立将有利于形成"大众创业、万众创新"的新局面,有利于促进国际国内要素有序自由流动、资源高效配置、市场深度融合,在对外贸易和吸收外资上将提高对土地、环境、能源、劳动力等要素资源的使用效率。

二是新一轮对外开放稳步推进。将推动对内对外开放相互促进、"引进来"和"走出去"更好结合，提升产业层次、延长产业链、扩大消费规模、消化过剩产能，以高端制造业和现代服务业作为新一轮对外开放的重点，通过设立自由贸易园（港）区提高自主开放水平。2013年设立中国（上海）自由贸易试验区，2014年年底又设定中国（广东）自由贸易试验区、中国（天津）自由贸易试验区、中国（福建）自由贸易试验区等。中国自由贸易区将加快政府职能转变，推进行政审批体制改革，实施负面清单制度，扩大投资领域，推进贸易便利化，深化金融领域的开放创新。

三是市场主体活力进一步增强。随着市场化改革的深入，市场竞争环境将日趋公平，法制化营商环境将有所加强，有利于市场要素的自由流动，减少对市场主体的束缚，培育形成一批具有国际竞争力的大型企业集团和跨国公司，通过跨国公司这一全球化的载体实现对品牌、专利、技术、营销渠道的控制力，培育、参与和引领国际经济合作竞争新优势。

四是产业结构将呈现新变化。经济格局将逐步从工业经济为主向工业经济与服务经济并重转变。国内劳动密集型制造业的调整和转移将有所加快，大型装备制造业、高新技术产业尤其是信息产业将成为我国的主导产业，信息化带动工业化、工业化促进信息化，两化融合以及与制造业相关的服务业地位将不断提高。

五是对外经济合作机制不断升级。中国先后与东盟、冰岛、瑞士等签订自由贸易协定，中韩自贸区谈判全部完成，中澳自由贸易协定谈判实质性结束，启动了与斯里兰卡和巴基斯坦的自贸协定第二阶段谈判，启动了中国—东盟自贸协定（"10+1"）升级谈判，积极参与人口占全球 48%、GDP 总和占全球 30% 的区域的全面经济伙伴关系协定谈判。同时，"一带一路"将推动中国与沿线各国在交通基础设施、贸易与投资、能源合作、区域一体化、人民币国际化等领域的新型经济合作，特别是丝路基金和亚洲基础设施投资银行的成立，将开创我国全方位对外开放新格局。

六是参与国际治理的能力不断加强。"十二五"以来，我国在参与国际治理方面取得丰硕成果。我国领导人积极参加联合国大会、G20 峰会、金砖国家峰会、亚太经合组织峰会、上海合作组织峰会、中国东盟峰会、中国—太平洋岛国经济发展合作论坛、气候大会峰会、核安全峰会等，利用中国主办的博鳌亚洲论坛、夏季达沃斯论坛，加深与世界各国的交流、沟通与合作，参与国际治理的能力不断增强，彰显出中国作为一个发展中大国，在国际事务中的责任和担当。

2. 国内经济发展的压力与挑战

"十三五"时期，我国开放型经济发展将面临更多压力和挑战，尤其突出表现在以下几个方面。一是高标准国际贸易规则影响力将对我国形成挑战。"十三五"时期，美国等发达国家推动的"跨太平洋伙伴关系协议"（TPP）和"跨大西洋贸易与投资伙伴协定"（TTIP）等主导国际贸易投资的新规则制定和普及将对我国构成新的压力，并影响我国参与制定新规则的话语权，届时我国将面临市场开放和适应新规则的双重挑战。二是贸易摩擦会进一步升级。随着我国一般贸易出口比例扩大、电子商务等信息化水平提高，我国在高科技领域和高端制造业同发达国家的产品竞争将进一步加剧。同时，随着部分新兴经济体出口能力提升，在传统制造业领域我国仍将继续面临来自部分新兴经济体的竞争。三是我国经济的结构性矛盾加剧。"十三五"时期，我国劳动力短缺和劳动力价格上涨现象依然持续，产业结构调整仍面临艰巨任务，对外产业竞争力不强、对内结构性失业将形成主要矛盾。人民币汇率和利率市场化虽有利于促进公平的竞争环境，但随着金融市场的开放，金融波动风险将进一步上升，能源需求、资源短缺状况有所缓解，但环境保护压力增大。此外，政府债务风险、银行呆坏账风险等也需要加强防范。

二、"十三五"时期构建开放型经济新体制的主要任务

应该看到，当今世界和平发展、开放发展、包容性发展、共赢发展的主旋律并没有改变，政治多极化、经济一体化、文化多元化、治理现代化的大趋势并没有改变，新一轮技术革命和产业革命正在孕育，将为世界各国经济发展提供新动力和新机遇。"十三五"时期，对外开放的总体思路是：把握国内外大势，科学统筹对外开放与国内改革发展，科学统筹国际国内两个市场、两种资源，科学统筹长远利益与短期利益、整体利益与局部利益、民族利益与跨国公司利益的关系，以开放的主动赢得发展的主动。牢牢抓住有利时机，以邓小平理论、"三个代表"重要思想和科学发展观为统领，以实现中华民族伟大复兴的中国梦为动力，以全面深化体制改革为着力点，以创新驱动战略为支撑，以"一带一路"宏伟战略为

重点，加快构建我国开放型经济新体制，形成对外开放的新格局，开创对外开放的新局面。

开放发展促进国家繁荣　　　　　　　　　　　　　新华社发　陈聪颖　作

（一）积极主动参与多边体制建设和全球经济治理

继续发挥我国在 WTO 中的影响力，更加深入全面地参与国际经济事务，提出新的治理理念和新的维护世界经济公平公正的制度性安排意见，推动多边贸易谈判进程，不断提高我国在制定国际贸易规则中的参与力度和影响力。积极大胆拓展自贸区的发展空间，科学地把握好亚洲基础设施投资银行的运营模式，并使其发挥积极作用，树立我国良好形象。

一是构建由我国主导的全球产业链体系，实现全球价值链向中高端攀升。推动我国创新驱动战略的有力实施，为全面提升产业创新能力提供有力支撑；推动由 "中国制造向中国创造转变，中国速度向中国质量转变，中国产品向中国品牌转变"；推动我国产业结构向形态更高级、分工更复杂、结构更合理的阶段演进。二是推动生产要素双向开放，促进商品、服务、资本、技术、信息和劳动力的跨国流动，实现从以商品输出为主向技术、资本和服务输出转变。三是积极参与国际经贸规则制定，建设法治规范、公开透明、有序竞争的市场经济体制，推动与国际贸易投资规则接轨，营造良好的贸易投资环境。四是深化区域、次区域经济合作，在扩大开放中更好地维护发展中国家利益，为改革不公正不合理的国际政治经济秩序作出贡献。

（二）把握好对外开放的顺序和节奏

我国经济仍面临下行压力，加快推进开放型经济新体制建设，形成新的对外开放红利，仍是当前面临的主要任务。因此，要把握好开放的顺序和节奏，更要注重对内对外开放的结合，选择有利于增添经济增长活力的领域，率先实行开放。例如，要进一步加大制造业开放力度，有选择地开放服务业。对于压力较大的行业可采取分阶段、分步骤的开放措施，将开放的力度与开放后的事中事后监管能力及风险防控能力统筹结合起来。在推进自贸区建设中，要加大工业品关税的降税力度。在服务业开放方面，要全面落实商贸流通、育幼养老、建筑设计、会计审计和电子商务等领域的开放安排，创造条件逐步实现金融、保险、文化教育、医疗卫生、电信等行业的扩大开放。

★★★ **精 彩 论 述** ★★★

世界的发展离不开中国，中国的开放有利于世界。在全球经济增长放缓的背景下，中国经济以"缓中趋稳、稳中向好"的发展态势和不断扩大的开放姿态，为世界经济复苏注入正能量。中国以深化改革和扩大开放推动自身跨越式发展，成为世界经济增长的一个重要动力源。

——新华社评论员

（三）构建"互利共赢、多元平衡、安全高效"的开放型经济新体制

一是坚持平等互利、开放共赢。随着我国经贸合作伙伴日益广泛，这些国家和地区在社会制度、经济发展水平、文化背景以及民族传统、宗教信仰、民俗习惯等方面都存在很大差异，这要求我们充分尊重对方选择的社会制度和发展道路，尊重彼此核心利益和重大关切，包容互鉴、和谐共生，深化利益交融，通过贸易投资合作实现双方共同利益。二是以内需为主导，实现"多元平衡"。要统筹好国内国际两个大局和两个市场，不断拓展经济发展的外部空间，推动制造业与服务业平衡、进口与出口平衡、"引进来"与"走出去"平衡、国际收支平衡等问题，通过构建扩大内需长效机制、提高经济内生发展动力，促进国际国内联动，实现均衡发展。三是以维护国家主权、安全和发展为底线，把握对外开放的主导权和主动权，构建可控的国家经济安全体系，强化底线思维，把握开放节奏，系统防范经济、金融、文化等各类风险。

（四）统筹各区域对外开放格局

一方面，要全面提升沿海地区对外开放水平，加快沿海地区外向型经济的转型升级，建设若干个高水平的国际经济开放区，推进中国上海、天津、广东和福建自贸区建设，进一步在东部地区设立自贸区，发挥自贸区的示范功能和带动作用。另一方面，要进一步拓展内陆开放水平，依托内陆中心城市和城市群，培育若干个内陆开放重点地区。鼓励内陆地区和沿海地区在对外开放领域的区域合作，建设若干个内陆地区加工制造基地和外向型产业集群，打造内陆开放型经济。

（五）加强国际风险防范，提高国际事务的应变能力

随着我国综合国力增强和国际影响力上升，如何保护我国的海外经济利益，是当前大国竞争首先要考虑的问题。当前，我国面临的国际环境更为复杂，大国竞争、金融动荡、商品市场震荡、地缘政治、地区冲突风险日益上升。因此，我们要把握好外部发展环境的变化和突发事件可能产生的影响，要提高对各类风险的防范意识，加强战略研究的预警分析，处理好海外利益扩张同国际利益安全的平衡，不断提高维护国家经济利益安全的能力和水平。

（六）完善"全方位、宽领域、多层次"的对外开放新格局

大力推进"一带一路"、京津冀协同发展、长江经济带三大战略的全面实施，形成特色鲜明、重点突出、板块联动的区域对外开放新格局。着力提升环渤海、长三角、珠三角的开放型经济质量，

以扩大开放提高内陆地区资源要素集聚能力，加强长江经济带"黄金水道"和"一带一路"的协同效应，打造沿海、沿边、内陆地区全面开放的新格局。

三、"十三五"时期我国扩大对外开放的重大战略举措

"十三五"时期，顺应国内经济发展进入"新常态"的客观现实，顺应时代潮流，我国从战略的高度统筹国内国际两个大局，推动中国对外开放进入"全面开放、全面参与、全面合作、全面提升"的新阶段，进一步为中国经济创造对外开放的"升级版"，推动国际治理体系建设，打造一个"成熟、负责任、有吸引力"的超级大国形象。

（一）以"一带一路"战略为统领，推动向沿线国家扩大开放

1.落实"一带一路"战略是"十三五"期间我国扩大对外开放的重中之重。"一带一路"是我国统筹国内国际两个大局，形成全方位对外开放格局的需要；也是我国积极参与全球治理和区域治理顶层设计，致力于维护世界和平发展的体现。"一带一路"横跨欧亚大陆桥，覆盖中亚、东南亚、南亚、西亚、东非、欧洲的65个国家及地区，其中主要是发展中国家，这些国家和地区的人口占世界比重约为47.4%，GDP约为世界总量的27%。应密切跟踪研究"一带一路"各沿线国家的发展需求、战略调整和规划倡议，深入研究对方的合作意愿和利益诉求，有针对性地实行"一

对一"或 "一对多"差别化策略，推动沿线国家与我国相向而行。对蒙古、缅甸、哈萨克斯坦、印度尼西亚、斯里兰卡、土耳其等周边及沿线节点国家和具有较强地区影响力的国家要重点施策，着力推进 "一带一路"战略的平稳启动和全面铺开，从而推动我国与沿线重点国家的政治、经贸、文化、安全等全方位合作。

★ ★ ★ **精 彩 论 述** ★ ★ ★

深入领会准确把握中央的思路和部署，按照总体要求积极推进扩大开放方面的体制改革，更加注重引进先进技术、管理经验和高素质人才，扩大对外开放要同实施"一带一路"等国家重大战略紧密衔接起来，同国内改革发展衔接起来，积极参与国际经贸规则制定，推动国际经济秩序朝着更加公正合理的方向发展，我们一定能在与世界的良性互动中实现更大发展，向着现代化目标劈波斩浪、行稳致远。

——新华社评论员

2. 推进与沿线国家的基础设施合作，实现互联互通。应加大我国对沿线国家的基础设施投资，加快我国轨道交通、信息通信、建筑工程、能源电力等产业 "走出去"的步伐，优先建设国际大通道中的通路、通信、通航和通商等 "主干道"。全面制定和规划 "全球高铁战略"，将我国高铁打造成当代新 "丝绸之路"的重要标识。要重点规划和优先实施欧亚高铁建设，将我国同中亚和欧洲主要城市连接起来，包括建设 "北京—莫斯科"新的国际快速大通道，把作为世界经济引擎的亚太地区与世界最发达经济体欧盟连接起来，实现亚欧大陆更高层面的互联互通，为拓展亚欧经济一体化，构建亚欧大市场奠定基础，开创空间。与此同时，还要加快落实建设中老、中泰、中缅、中巴、中吉乌等铁路，改造中塔公路、中哈公路，形成东亚、西亚和南亚经济区，为建成周边命运共同体创造条件。在能源通道方面，重点建设中俄、中亚天然气管道和管理好中缅油气管道，建立国际能源、资源产业合作基地，在我国周边形成能源、资源陆上通道。在通信设施建设方面，应加快中缅、中塔、中巴等尚未建成的跨境通信干线建设，加快东南亚方向尚未完成的海底光缆项目建设等。

（二）扩大对外直接投资

中国已经成为世界上第三位的对外直接投资大国，中国的对外投资规模正经历着爆发式的增长，必将对全球对外直接投资领域产生深远的影响，成为推动中国对外开放的新动力。

一是要放宽对外投资的各种限制，确立企业及个人对外投资的主体地位。在投资审批、外汇管理、金融服务、货物进出口、人员出入境等方面实施便利化政策。鼓励和允许对外开展并购投资、证券投资、联合投资等，推动我国对外投资迈上新台阶。

二是增强"走出去"主体实力。扩大对外投资，重点培育跨国龙头企业和创新型企业国际化。未来应进一步健全对外投资促进体系，鼓励和支持中国企业投资世界。进一步增强企业国际化经营能力，在全球范围内配置各类优质资源，培育一批拥有核心技术、自主品牌，有能力主导国际分工的全球企业。要利用我国在许多领域已经形成的技术竞争优势，支持和引导企业从单纯产品输出向资本、技术、品牌、标准输出转变，着力培育一批具有较强国际竞争力的跨国公司。鼓励国内企业与跨国公司结成战略联盟，共同携手到国际市场寻求并获取资源、技术和市场，推动国内具有自主知识产权的技术标准在境外推广应用。鼓励科技型企业与国际知名高校、研究实验室、跨国公司等机构开展国际研发合作，建立海外研发基地和产业化基地，拓展国家创新体系建设的全球化发展空间。推动我国大企业向研发设计、品牌营销等服务型、创新型制造企业转型，形成具有自主知识产权、自主品牌的世界跨国公司。

三是结合"一带一路"等对外经济战略，加大对外直接投资的统筹和引导，优化对外直接投资的区域布局，继续加强对发展中国家的对外直接投资水平，注重对外直接投资的经济效益、社会效益和外交效益。鼓励国内过剩行业向发展中国家转移，有效利用国外资源，弥补国内资源短缺的现状，促进国内经济发展。

（三）优化贸易结构，提高利用外资水平

"十三五"期间应积极推动先进技术、关键设备、关键零部件等高技术产品和服务的进口。抓住国际大宗商品价格下跌的有利时机，进一步扩大农产品、矿产资源、石油等产品进口，加快建立国家大宗商品储备和交易体系。

第一，提高利用外资水平。引导外资投向现代农业、高新技术、节能环保、新能源、现代服务业领域，鼓励外资向中西部投资。鼓励外资企业在华设立研发中心，参与股权投资、创业投资和混合所有制。采取"负面清单"的外资管理方式，将禁止或限制的

外资进入的领域列入清单，未列入的领域外资均可进入，内外资企业享受同等待遇，最大限度地减少和规范行政审批，为外商企业创造一个稳定、透明、可预期的营商环境。

第二，进一步加强对于国际资源的进口能力，保障国家经济发展的资源需求。提升中国出口在全球价值链的地位，提升技术密集型、高附加值、低资源消耗、低环境污染的产品出口规模和国际竞争力。适应全球产业结构继续服务业化以及互联网普及和应用对服务贸易的推动，大力推动中国服务贸易的发展，提升服务贸易占总体贸易的比重。提升中国服务贸易的国家竞争力。完善出口退税机制，进一步削减关税水平。对最不发达国家和低收入国家实行全面的零关税，使中国成为世界上最开放、最大的进口市场，为世界提供更巨大、更开放的中国市场。

◇◇◇ 专 家 观 点 ◇◇◇

构建开放型经济新体制要把握有利时机,加快开放步伐。在世界经济低迷、新一轮国际产业重组暗潮涌动中，在坚持让市场在资源配置中发挥决定性作用的前提下，更好、更精准地发挥政府作用，因势利导，给中外企业家营造更加宽松、稳定、公平、透明、可预期的营商环境，让企业家以敏锐的才智去捕捉机遇、扬长避短、引领发展，发挥我国在国际产业体系中的比较优势和后发优势，赢得新一轮国际竞争。

——商务部国际贸易经济合作研究院副院长　邢厚媛

第三，继续营造良好的外商投资环境。统一内外资法律法规，改革投资审批体制，保持外资政策稳定、透明和可预期，逐步形成与国际通行规则相衔接的投资环境。由靠土地、税收等优惠政策引资，转变为靠市场机制、开放环境吸引外资。同时，要加大反垄断调查与执法机制化、制度化建设，提高透明度，加强与媒体的沟通，正面引导舆论，防止对我国反垄断调查及相关行动的误判误解。完善国家安全审查制度，确保国家经济安全。

（四）进一步推进人民币国际化

现行的国际货币体系的现状可以概括为"一主多元"，"一主"就是指美元，而"多元"是指欧元、日元、英镑和人民币。该体系中，尽管美元不是"一元独霸"，但依然占据绝对的优势地位。在一个多极化的世界中，多元化的国际货币体系应该是比较现实可行的路径选择，这样的多元化体系既能够与当前的政治多极化和经济全球化的形势相适应，同时也符合发达国家和发展中国家的共同利益。多元的储备货币格局，还能够有效预防美国利用其地位，过度举债后以打开印钞机的方式来还债务的问题。因此，作为世界第二大经济体、第一大贸易体的中国，在构建多元的国际货币体系中，必须发挥积极的作用，发出自己的声音，扩大人民币的话语权。

1. 有序放开资本项目

我国的汇率尚未完成市场化改革，资本账户还没有完全放开，人民币还不是可自由兑换的货币。实现人民币全面可兑换是人民币国际化的关键所在。目前我国资本账户没有放开导致人民币投资渠道不畅，这直接制约了境外居民持有人民币的积极性，只有人民币的安全性、流动性与收益性达到一个和谐的统一，才能进一步促进其在境外的流通量。

2. 完善人民币的"走出去"与"流回来"机制

一方面，建立稳定贸易逆差机制，推动人民币走出去。人民币要国际化，必须要走出去，即要形成稳定的逆差安排。一是港澳台地区作为内地的重要贸易对象，人民币在这些地区接受程度高，应加大人民币在这些地区的使用；二是东盟、上合组织成员、韩国、巴基斯坦等对人民币的接受程度也较高，还是我国重要的出口国，可以通过扩大货币互换协议，提高其持有人民币的意愿。

另一方面，完善人民币的回流机制。一是拓展境外发行人民币债券的渠道。例如，我国已经允许国内的金融机构在香港市场发行人民币债券；二是逐步放开人民币 FDI 渠道；三是拓展人民币 QFII 渠道。在我国尚未完全放开资本管制的阶段，允许境外主体将合法获得的人民币资金通过 QFII 渠道进入国内资本市场。同时，2014 年已经开通的"沪港通"有利于人民币的回流。

3. 做大做强离岸市场

依靠离岸市场来推动货币国际化，这是我们中国在推动人民币国际化过程中的一大特色，因为人民币不是可自由兑换的，只能通过离岸市场来兑换。人民币离岸市场发展滞后制约人民币国际化。虽然香港目前是我国人民币境外交易的一个最重要的集散地，大量的境外投资者聚集在香港进行人民币交易，大量人民币因此流向香港，但是从香港流入内地机制还不太完善，而且离岸市场的数量太少，从而给人民币国际化带来了不利影响。

（五）2016 年 G20 峰会：为全球治理提供"中国药方"

金融危机下的全球治理成果已经证明，G20 是各国在面对共同问题时分享智慧、达成方案的有效机制。当 G20 从危机应对机制转型成为全球治理平台，就需要解决如何进行全球治理合作的常态化机制问题。2008 年金融危机后，全球复苏步伐一直缓慢，其"病灶"在于：上一轮科技和产业革命的动能已近尾声；发展不平衡问题远未解决，现有经济治理机制的缺陷逐渐显现。而在这种形势下，中国却保持了较高增速，并使得实体经济"底子"不断"加深加厚"。中国的长期经济增长成效及可持续的增长潜力，表明中国拥有促进发展的独到经验。而中国主办 G20 峰会，将意味着世界有机会分享实现可持续发展的"中国药方"。

1. 安塔利亚 G20 峰会体现的中国主张

在土耳其安塔利亚 G20 峰会上，中国声音、中国看法、中国主张、中国方案备受关注。这种备受关注，体现在"创新、协调、绿色、开放、共享"的发展理念被 G20 峰会大幅度采纳。G20 安塔利亚峰会通过的《20 国集团安塔利亚峰会公报》中，呼吁加强经济复苏和提升潜力、合作实施稳健宏观经济政策、确保包容性增长、推动贸易和投资。G20 提出的全球经济包容和稳健增长政策框架，与中国"十三五"规划有着三方面的一致性，即理念一致、措施一致、周期一致。

2. 2016 年中国 G20 主题：构建创新、活力、联动、包容的世界经济

第一，完善全球经济金融治理。距金融危机爆发已过去 7 年，

但其深层次影响还在持续：世界经济增长乏力、动力不足，量化宽松政策只能为经济复苏带来"虚热"，世界经济还处在深度调整期。寻找新的消费增长点，完善全球经济金融治理，已成为各国无法回避的难题。提到完善全球经济金融治理体系，不得不提的就是由中国倡导建立的亚洲基础设施投资银行，简称亚投行。与既有的世界银行、IMF 等国际组织相比，亚投行是全球经济金融改革中的一项制度创新。这个"新"体现在其开放性、包容性和建设性；体现在其强调合作共赢，而非对抗；体现在中国通过亚投行更多地承担大国责任。

第二，构建开放型世界经济。全球治理机制的升级关键在于构建开放型世界经济。目前，世界各国处在不同发展阶段，对经济发展的诉求也不同。建设开放型世界经济体系，加强国际产能合作，可以有效对接不同国家的供给和需求，实现不同发展水平国家的共同发展。发展中国家面临城镇化、工业化的需求，但受限于技术装备和基础设施建设水平。中国作为发展中国家的火车头，可以充分发挥自身中端装备性价比高、综合配套和工程建设能力强、外汇储备充裕的优势，帮助发展中国家和发达国家的产能实现对接。

第三，推动包容、联动式发展。在全球价值链时代，任何一个国家都无法单打独斗，要让每个国家的发展都同全球的增长形成联动效应，以实现全球经济资源的优化配置；要切实落实"可持续发展"战略，实现经济、社会、环境、治理的相互配合、相互促进。为此，G20 要以联合国 2030 年发展议程为指导，带动各经济体共同参与到世界经济治理中，使发展红利为各国人民共享；

要号召各经济体树立利益共同体、命运共同体的意识，建立新型全球伙伴关系，通过宏观经济政策方面的联动来应对世界经济的复杂形势和其他全球性问题，实现各国的互联互通、良性互动、共同发展；更要完善 G20 体系，建设和平、有效、包容的机制。

　　2016 年中国 G20 主题，即"创新、活力、联动、包容"，抓住了当前国际社会对于世界经济治理的最关键问题，指明了实现全球经济平衡、可持续增长的道路。如果二十国集团能够形成互利互惠、相得益彰的共赢局面，将极大提振全球经济信心。

　　　　　　　　　　　　（高惺惟　中共中央党校经济学部讲师）

❻ 怎么实现共享发展？

共享是中国特色社会主义的本质要求。必须坚持发展为了人民、发展依靠人民、发展成果由人民共享，使全体人民在共建共享发展中有更多获得感，增强发展动力，增进人民团结，朝着共同富裕方向稳步前进。要实现共享发展，必须按照人人参与、人人尽力、人人享有的要求，坚守底线、突出重点、完善制度、引导预期，注重机会公平，保障基本民生。

　　"十三五"时期是全面建成小康社会决胜阶段。要实现全面建成小康社会的目标，就必须坚持共享发展，着力增进人民福祉。共享是中国特色社会主义的本质要求。必须坚持发展为了人民、发展依靠人民、发展成果由人民共享，使全体人民在共建共享发展中有更多获得感，增强发展动力，增进人民团结，朝着共同富裕方向稳步前进。而要实现共享发展，保证全体人民共同迈入全面小康社会，必须按照人人参与、人人尽力、人人享有的要求，坚守底线、突出重点、完善制度、引导预期，注重机会公平，保障基本民生。具体抓好以下八个方面。

一、全力实施脱贫攻坚

　　农村贫困人口脱贫是全面建成小康社会最艰巨的任务。改革开放30多年来，我国扶贫开发工作取得巨大成就，累计已有7亿多人摆脱了贫困。农村贫困人口的比例，从1990年的60%以上，下降到2014年的7.2%，全国农村贫困人口降至7017万人。但是目前扶贫开发工作仍然存在不少问题。贫困群体规模仍然较大。扶贫开发难度越来越大。经过30多年来持续不断的扶贫开发，未解决的都是难啃的"硬骨头"。一些贫困者非残即病，劳动能力弱。一些贫困家庭一穷二白，缺乏劳动力、劳动工具和安全住房、干净水等基本生产生活条件。一些贫困人口居住在深山区、石山区、高寒山区、沙化区和荒漠化区，扶贫难以见效。此外，在扶贫开发工作中还存在扶贫认识不到位、措施不得力等问题。

要打赢脱贫攻坚战，必须充分发挥政治优势和制度优势，加大扶贫攻坚力度。

首先，推进精准扶贫精准脱贫。一是按照扶贫对象精准、项目安排精准、资金使用精准、措施到户精准、因村派人精准、脱贫成效精准的要求，切实提高扶贫实效，稳定实现农村贫困人口不愁吃、不愁穿，义务教育、基本医疗和住房安全有保障。二是创新扶贫开发方式。根据致贫原因和脱贫需求，对贫困人口实行分类精准扶持。通过发展特色产业、转移就业、易地扶贫搬迁、生态保护扶贫、教育培训、开展医疗保险和医疗救助等措施，实现约5000万建档立卡贫困人口脱贫；通过实行社保政策兜底，实现其余完全或部分丧失劳动能力的贫困人口脱贫。探索资产收益扶持制度，通过土地托管、扶持资金折股量化、农村土地经营权入股等方式，让贫困人口分享更多资产收益。三是健全精准扶贫工作机制。全面做好精准识别、建档立卡工作。加强贫困人口动态统计监测，建立精准扶贫台账，加强定期核查和有进有出动态管理。建立贫困户脱贫认定机制，制定严格规范透明的贫困县退出标准、程序、核查办法。建立扶贫工作绩效社会监督机制，开展贫困地区群众扶贫满意度调查，建立扶贫政策落实情况跟踪审计和扶贫成效第三方评估机制。

★ ★ ★　**精 彩 论 述**　★ ★ ★

　　扶贫开发是一项艰巨复杂的任务，对于剩下的"硬骨头"，扶贫方式尤其需要转型升级，既要整体联动、有共性的要求和措施，又要突出重点、有针对性地开展帮扶。

——新华社评论员

　　其次，支持贫困地区加快发展。一是把革命老区、民族地区、边疆地区、集中连片贫困地区作为脱贫攻坚重点，持续加大对集中连片特殊困难地区的扶贫投入力度，增强造血能力，实现贫困地区农民人均可支配收入增长幅度高于全国平均水平，基本公共服务主要领域指标接近全国平均水平。二是加强贫困地区基础设施建设。因地制宜解决贫困地区通路、通水、通电、通网络等问题。构建贫困地区外通内联的交通运输通道。加强贫困地区水利建设，全面解决贫困人口饮水安全问题，大力扶持贫困地区农村水电开发。加大贫困地区农网改造力度。宽带网络覆盖90%以上的贫困村。加大以工代赈投入力度，支持贫困地区中小型公益性基础设施建

设。继续实施整村推进，加快改善贫困村生产生活条件。三是提
高贫困地区公共服务水平。把建档立卡贫困户放在优先位置，全
面完成危房改造，切实保障贫困户住房安全。改善贫困地区基本
公共服务，提高教育质量和医疗服务水平。集中实施一批文化惠
民扶贫项目，推动贫困地区县级公共文化体育设施达到国家标准。

第三，完善脱贫攻坚支撑体系。一是强化政策保障。加大中央
和省级财政扶贫投入，发挥政策性金融、开发性金融、商业性金融
和合作性金融的互补作用，整合各类扶贫资源，拓宽资金来源渠道。
优先保证扶贫开发用地需要，专项安排贫困县年度新增建设用地计
划指标。加大贫困地区土地整治支持力度，允许贫困县将城乡建设
用地增减挂钩指标在省域范围内使用。对在贫困地区开发水电、矿
产资源占用集体土地的，试行给原住居民集体股权方式进行补偿。
完善资源开发收益分享机制，使贫困地区更多分享开发收益。加大
科技扶贫力度。实施贫困地区人才支持计划和本土人才培养计划。
二是健全广泛参与机制。健全东西扶贫协作和党政机关、部队、人
民团体、国有企业定点扶贫机制。鼓励支持民营企业、社会组织、
个人参与扶贫开发，引导社会扶贫重心下移，实现社会帮扶资源和
精准扶贫有效对接。创新参与模式，鼓励设立产业投资基金和公益
信托基金，实施扶贫志愿者行动计划和社会工作专业人才服务贫困
地区计划。着力打造扶贫公益品牌。三是落实脱贫工作责任制。进
一步完善中央统筹、省（自治区、直辖市）负总责、市（地）县抓
落实的工作机制。强化脱贫工作责任考核，全面落实扶贫开发工作
成效考核办法，对贫困县重点考核脱贫成效。建立扶贫工作督查制

度，强化责任追究。

二、全面提高教育质量

近些年来，我国教育事业发展迅速，取得了巨大成就。一是教育优先发展的战略地位进一步巩固。优先发展教育已经成为全党全社会的共识，各级党委政府切实加强对教育事业的领导，坚持把教育摆在优先发展的战略地位，经济社会发展规划优先安排教育发展，财政资金优先保障教育投入，公共资源优先满足教育和人力资源开发需要。二是素质教育取得显著成就。教育战线全面贯彻党的育人为本的教育方针、全面实施素质教育，坚持育人为本、德育为先、能力为重、全面发展，深入推动中国特色社会主义理论体系进教材进课堂进头脑，不断加强和改进德育、智育、体育、美育，引导青少年学生树立远大理想，刻苦学习，报效祖国，服务人民。青少年学生思想政治状况积极健康向上，成为大有希望的一代，值得信赖的一代。三是教育体制改革逐步深化。教育管理体制进一步完善，各级政府对各级各类教育管理的职责与权限更加明确。政府与学校的关系逐步理顺，学校面向社会依法自主办学、权力运行制约和监督体系初步建立。教育投入体制改革继续深化，公共教育财政制度不断健全，形成了义务教育由政府负全责、非义务教育阶段以政府投入为主、多渠道筹措教育经费的体制机制。以政府办学为主体、公办学校和民办学校共同发展的格局基本形成。教育开放进一步扩大，形成了全方位多层次宽领域、出国留学和来华留学同步发展的新局面。四是促进教育公平取得重大进展。促进教育公平、切实保障公民依法享有受教育的权利成为国家基本教育政策。全面实现城乡免费义务教育，学前教育加快发展，高中阶段教育加快普及，职业教育取得突破性进展，高等教育大众化水平进一步提高。公共教育资源向农村、边远、贫困地区和民族地区倾斜，西部和民族地区主要教育发展指标与全国平均水平差距缩小。初步建立了从学前教育到研究生教育完整的家庭经济困难学生资助体系。进城务工人员子女在当地接受义务教育问题初步解决，残疾人受教育权利得到保障。五是教育质量显著提高。建立健全了保证教育质量的制度体系，颁布了教育督导条例，建立起国家教育质量标准和质量监测评估制度，形成督政、督学、教育质量监测相结合的中国特色教育督导体系。义务教育学校标准化、高中教育多样化和高等教育特色化取得显著进展，促进了各级各类学校更新教育教学理念、创新人才培养模式、改进评价方式方法。高等教育人才培养、科学研究、社会服务、文化传承创新的整体能力显著增强。教师队伍建设进一步加强，教师队伍整体素质明显提高。

随着经济社会的快速发展，社会主义现代化建设对教育事业不断提出新需要，人民群众也对教育事业不断提出更高要求，进一步全面提高教育质量，成为"十三五"时期我国教育事业发展的首要任务。首先，全面提高教育质量是我国实现创新发展的需要。随着我国社会主义现代化建设全面推进，资源环境约束日益强化，深化改革开放和转变经济发展方式任务十分艰巨，创新成为引领发展的第一动力。要实现创新发展，必须全面提高教育质量，进而提高全体国民素质，深度开发人力资源，增强社会创新能力。当今世界的综合国力竞争，说到底是民族素质竞争，知识创新越来越成为提高综合国力和国际竞争力的决定性因素。强国必先强教。全面提高教育质量，尽快把我国建设成为人力资源强国，是我国在纷繁复杂的国际国内形势下赢得主动、赢得优势、赢得未来的关键。其次，全面提高教育质量是实现共享发展的需要。教育涉及千家万户，惠及子孙后代。中华民族自古就有尊师重教的优良传统。教育寄托着人民群众对美好生活的期盼，是人民群众日益增长的物质文化需求的重要组成部分。我国社会正在从生存型消费进入发展型消费阶段，广大人民群众对通过接受良好教育提高自身素质、促进全面发展、更好服务国家建设的愿望更加强烈。全面提高教育质量，满足人民群众对高质量教育的期盼，是坚持以人为本、实现发展成果由人民共享的客观要求。再次，全面提高教育质量是全面建成小康社会的需要。教育在全面建成小康社会中具有基础性、先导性、全局性的重要作用。加快转变经济发展方式，坚持走中国特色新型工业化、信息化、城镇化、农业现代化道路，

★★★ 精彩论述 ★★★

　　非学无以立身，非教无以立国。坚持义务教育均衡发展，已经成为全社会共同的价值取向，将伴随城乡一体化发展、逐步缩小城乡差别的全过程。努力办好每一所学校，不让一名学生失学，让高质量的教育公平不断得以挺进，从而使我国从教育大国向教育强国的跨越早日到来。

　　　　　　　　　　　　　　　　　　　——新华社记者　郑昕、刘怀丕

大力推进生态文明建设，实现协调发展、绿色发展和开放发展，必须培养造就数以亿计的高素质劳动者、数以千万计的专门人才和一大批拔尖创新人才。全面提高教育质量是全面建成小康社会的必要前提。

全面提高教育质量，必须全面贯彻党的教育方针，坚持教育优先发展，促进教育公平，加快完善现代教育体系。

首先，加快基本公共教育均衡发展。建立城乡统一、重在农村的义务教育经费保障机制，加大公共教育投入向中西部和民族边远贫困地区的倾斜力度。科学推进城乡义务教育公办学校标准化建设，改善薄弱学校和寄宿制学校办学条件，优化教育布局，努力消除城镇学校"大班额"，基本实现县域校际资源均衡配置。加强教师队伍特别是乡村教师队伍建设，落实乡村教师支持计划，通过政府购买岗位等方式，解决结构性、阶段性、区域性教师短缺问题。改善乡村教学环境。鼓励普惠性幼儿园发展，加强农村普惠性学前教育。普及高中阶段教育，率先从建档立卡的家庭经济困难学生实施普通高中免除学杂费。提升残疾人群特殊教育普及水平、条件保障和教育质量。积极推进民族教育发展，科学稳妥推行双语教育，加大双语教师培训力度。

其次，推进职业教育产教融合。完善现代职业教育体系，加强职业教育基础能力建设。推动具备条件的普通本科高校向应用型转变。推行产教融合、校企合作的应用型人才和技术技能人才培养模式，促进职业学校教师和企业技术人才双向交流。推动专业设置、课程内容、教学方式与生产实践对接。促进职业教育与普通教育双向互认、纵向流动。逐步分类推进中等职业教育免除学杂费,实行国家基本职业培训包制度。

第三,提升大学创新人才培养能力。推进现代大学制度建设,完善学校内部治理结构。建设一流师资队伍,用新理论、新知识、新技术更新教学内容。完善高等教育质量保障体系。推进高等教育分类管理和高等学校综合改革,优化学科专业布局,改革人才培养机制,实行学术人才和应用人才分类、通识教育和专业教育相结合的培养制度,强化实践教学,着力培养学生创意创新创业能力。深入实施中西部高等教育振兴计划,扩大重点高校对中西部和农村地区招生规模。全面提高高校创新能力,统筹推进世界一流大学和一流学科建设。

第四,加快学习型社会建设。大力发展继续教育,构建惠及全民的终身教育培训体系。推动各类学习资源开放共享,办好开放大学,发展在线教育和远程教育,整合各类数字教育资源向全社会提供服务。建立个人学习账号和学分累计制度,畅通继续教育、终身学习通道,制定国家资历框架,推进非学历教育学习成果、职业技能等级学分转换互认。发展老年教育。

第五,增强教育改革发展活力。深化教育改革,增强学生社会责任感、法治意识、创新精神、实践能力,全面加强体育卫生、心理健康、艺术审美教育,培养创新兴趣和科学素养。深化考试招生制度和教育教学改革。推行初高中学业水平考试和综合素质评价。全面推进中小学教师职称制度改革,改善教师待遇。推动现代信息技术与教育教学深度融合。依法保障教育投入。实行管办评分离，扩大学校办学自主权，完善教育督导，加强社会监督。建立分类管理、差异化扶持的政策体系，鼓励社会力量和民间资本提供多样化教育服务。完善资助体系，实现家庭经济困难学生资助全覆盖。

三、推进健康中国建设

健康是保证人民群众生活质量、促进人的全面发展的前提条件。改革开放以来，我国医疗卫生事业发展取得了举世瞩目的成就。医疗卫生事业不断壮大，医疗卫生资源总量持续增长，服务总量不断提高。全民基本医保制度基本建立。基本公共卫生服务均等化水平明显提高。公共卫生服务投入力度加大，12类45项基本公共卫生服务免费向城乡居民提供。基层医疗卫生服务体系逐步健全，覆盖城乡的基层医疗卫生服务网络基本建成，以全科医生为重点的基层人才队伍建设逐步加强。国家基本药物制度初步建立。基层群众用药负担大幅降低。公立医院改革试点积极推进。社会办医得到鼓励、引导和发展。国民健康状况显著改善。居民健康水平走在发展中国家前列。

我国医疗卫生事业在快速发展的同时，也存在一些矛盾和问题。一是医疗资源尤其是优质资源供需矛盾突出。新中国成立60多年来，我国人民健康水平有了很大提高。但随着社会生产方式和居民生活环境快速变化，疾病模式呈现出前所未有的新特点，传统传染病、新发传染病、慢性非传染性疾病等多重疾病并存，意外损害、食品安全等各类危险因素交织，严重威胁着人民健康；居民健康需求也呈现多层次多样化的特点；而卫生发展总体上仍滞后于经济社会发展，医疗资源尤其是优质资源仍严重短缺。二是医疗卫生事业总体水平较低，发展不平衡。我国卫生总费用占国内生产总值的比重偏低，个人卫生支出在卫生总费用中的比重偏高；城乡和区域卫生发展不平衡，公共卫生、基层和农村医疗卫生薄弱，看病难特别是到大医院看病难、看病贵特别是群众看病负担重等问题亟待解决。三是医疗卫生体制改革滞后。医疗卫生体制机制障碍与医疗卫生发展方式转变之间的矛盾凸显。

推进健康中国建设，必须深化医药卫生体制改革，坚持预防为主的方针，建立健全基本医疗卫生制度，实现人人享有基本医疗卫生服务，推广全民健身，提高人民健康水平。

首先，全面深化医药卫生体制改革。实行医疗、医保、医药联动，推进医药分开，建立健全覆盖城乡居民的基本医疗卫生制度。全面推进公立医院综合改革，坚持公益属性，破除逐利机制，降低运行成本，逐步取消药品加成，推进医疗服务价格改革，完善公立医院补偿机制。建立现代医院管理制度，落实公立医院独立法人地位，建立符合医疗卫生行业特点的人事薪酬制度。完善基本药物制度，深化药品、耗材流通体制改革，健全药品供应保障机制。鼓励研究和创制新药，将已上市创新药和通过一致性评价的药品优先列入医保目录。鼓励社会力量兴办健康服务业，推进非营利性民营医院和公立医院同等待遇。强化全行业监管，提高医疗服务质量，保障医疗安全。优化从医环境，完善纠纷调解机制，构建和谐医患关系。

其次，健全全民医疗保障体系。健全医疗保险稳定可持续筹资和报销比例调整机制，完善医保缴费参保政策。全面实施城乡居民大病保险制度，健全重特大疾病救助和疾病应急救助制度。降低大病慢性病医疗费用。改革医保管理和支付方式，合理控制医疗费用，实现医保基金可持续平衡。改进个人账户，开展门诊费用统筹。城乡医保参保率稳定在95%以上。加快推进基本医保异地就医结算，实现跨省异地安置退休人员住院医疗费用直接结算。整合城乡居民医保政策和经办管理。鼓励商业保险机构参与医保经办。将生育保险和基本医疗保险合并实施。鼓励发展补充医疗保险和商业健康保险。探索建立长期护理保险制度，开展长期护理保险试点。完善医疗责任险制度。

第三，加强重大疾病防治和基本公共卫生服务。完善国家基本公共卫生服务项目和重大公共卫生服务项目，提高服务质量效率和均等化水平。提升基层公共卫生服务能力。加强妇幼健康、公共卫生、肿瘤、精神疾病防控、儿科等薄弱环节能力建设。实施慢性病综合防控战略，有效防控心脑血管疾病、糖尿病、恶性肿瘤、呼吸系统疾病等慢性病和精神疾病。加强重大传染病防控，降低全人群乙肝病毒感染率，艾滋病疫情控制在低流行水平，肺结核发病率降至58/10万，基本消除血吸虫病危害，消除疟疾、麻风病危害。做好重点地方病防控工作。加强口岸卫生检疫能力建设，严防外来重大传染病传入。开展职业病危害普查和防控。增加艾滋病防治等特殊药物免费供给。加强全民健康教育，提升健康素养。

大力推进公共场所禁烟。深入开展爱国卫生运动和健康城市建设。加强国民营养计划和心理健康服务。

第四，完善医疗服务体系。优化医疗机构布局，推动功能整合和服务模式创新。加强专业公共卫生机构、基层医疗卫生机构和医院之间的分工协作，健全上下联动、衔接互补的医疗服务体系，完善基层医疗服务模式，推进全科医生（家庭医生）能力提高及电子健康档案等工作，实施家庭签约医生模式。全面建立分级诊疗

名词解释 >>>>

分级诊疗制度

分级诊疗制度是指按照疾病的轻、重、缓、急及治疗的难易程度，由不同级别和服务能力的医疗机构承担不同疾病的治疗，并按病情变化情况进行及时便捷的双向转诊，从而建立科学有序的诊疗秩序，确保病人得到适宜治疗，主要包括基层首诊、双向转诊、急慢分治、上下联动等。分级诊疗的实质就是要最大限度地实现社会医疗资源的集约与效能，让民众分享到深化医改的更多红利。

制度，以提高基层医疗服务能力为重点，完善服务网络、运行机制和激励机制，实行差别化的医保支付和价格政策，形成科学合理就医秩序，基本实现基层首诊、双向转诊、上下联动、急慢分治。加强医疗卫生队伍建设，实施全民健康卫生人才保障工程和全科医生、儿科医生培养使用计划，健全住院医师规范化培训制度。通过改善从业环境和薪酬待遇，促进医疗资源向中西部地区倾斜、向基层和农村流动。完善医师多点执业制度。全面实施临床路径。提升健康信息服务和大数据应用能力，发展远程医疗和智慧医疗。

第五，促进中医药传承与发展。健全中医医疗保健服务体系，创新中医药服务模式，提升基层服务能力。加强中医临床研究基地和科研机构建设。发展中医药健康服务。开展中药资源普查，加强中药资源保护，建立中医古籍数据库和知识库。加快中药标准化建设，提升中药产业水平。建立大宗、道地和濒危药材种苗繁育基地，促进中药材种植业绿色发展。支持民族医药发展。推广中医药适宜技术，推动中医药服务走出去。

第六，保障食品药品安全。实施食品安全战略。完善食品安全法规制度，提高食品安全标准，强化源头治理，全面落实企业主体责任，实施网格化监管，提高监督检查频次和抽检监测覆盖面，实行全产业链可追溯管理。开展国家食品安全城市创建行动。深化药品医疗器械审评审批制度改革，探索按照独立法人治理模式改革审评机构。推行药品经营企业分级分类管理。加快完善食品监管制度，健全严密高效、社会共治的食品药品安全治理体系。加大农村食品药品安全治理力度，完善对网络销售食品药品的监管。加强食品药品进口监管。

四、实施就业优先战略

当前我国就业形势总体保持平稳态势。据中国人力资源市场信息监测中心对全国主要城市公共就业服务机构的统计数据，2015年四季度，岗位空缺与求职人数的比率约为1.10，东、中、西部地区岗位空缺与求职人数比率分别为1.08、1.13、1.13，劳动力市场供求总体平衡，需求均略大于供给。这为就业形势保持基本稳定奠定了基础，2016 年一季度末全国城镇登记失业率为 4.04%，处于合理区间，同比和环比都下降了 0.01 个百分点；城镇失业人员再就业 126 万人，困难人员实现就业 38 万人，均与去年同期基本持平。

但是与此同时，结构性就业矛盾十分突出，主要表现为：一是一线生产人员短缺与二线非生产人员过剩并存。分职业看，全国主要城市劳动力市场中，商业和服务业人员、生产运输设备操作工、单位负责人的劳动力需求大于供给，其岗位空缺与求职人数的比率分别为 1.24、1.22、1.03；办事人员和有关人员岗位空缺与求职人数的比率仅为 0.68。二是中低文化程度劳动力短缺与大学生过剩并存。分文化程度来看，全国主要城市劳动力市场中，高中、职高技校中专文化程度的劳动力供不应求，岗位空缺与求职人数的比率分别为 1.17、1.48，大专、大学文化程度的劳动力供过于求，岗位空缺与求职人数的比率分别为 0.86 和 0.91。大学毕业生就业难问题十分突出。三是青壮年劳动力短缺与中老年劳动力过剩并存。从年龄来看，全国主要城市劳动力市场中，16–24 岁、25–34 岁、35–44 岁年龄组的劳动力供不应求，岗位空缺与求职人数的比率分别为 1.11、1.26、1.03。45 岁以上年龄组的劳动力则严重供过于求，岗位空缺与求职人数的比率为 0.78。四是部分行业产能过剩给社会就业形成压力。近几年来我国经济增长持续下行，导致部分行业产能过剩问题突出，进而影响就业。目前全国工业产能利用率为 78%，其中，钢铁、水泥、电解铝、平板玻璃、造船等行业的产能利用率，分别只有72%、73.7%、71.9%、73.1%和75%。化解过剩产能造成一部分职工需要分流安置。据初步统计，煤炭系统涉及约130万人，钢铁系统涉及约50万人。

要解决当前的就业矛盾，必须坚持就业优先战略，实施更加积极的就业政策。

首先，统筹人力资源市场，打破城乡、地区、行业分割和身份、性别歧视，维护劳动者平等就业权利。加强对灵活就业、新就业形态的支持，促进劳动者自主就业。落实高校毕业生就业促进和创业引领计划，带动青年就业创业。加强就业援助，帮助就业困难者就业。增强劳动力市场灵活性，促进劳动力在地区、行业、企业之间自由流动。建立和谐劳动关系，维护职工和企业合法权益。

其次，推行终身职业技能培训制度，提高劳动力素质。实施新生代农民工职业技能提升计划。开展贫困家庭子女、未升学初高中毕业生、农民工、失业人员和转岗职工、退役军人免费接受职业培训行动。推行工学结合、校企合作的技术工人培养模式，推行企业新型学徒制。提高技术工人待遇，完善职称评定制度，推广专业技术职称、技能等级等同大城市落户挂钩做法。

再次，妥善安置化解过剩产能中产生的富余职工。具体的安置渠道：一是内部安置一批。充分利用企业现有的技术、设施、场地，通过企业内部挖潜来帮助职工在内部实现分流安置。二是转岗就业一批。对确实需要转岗就业的，将其纳入就业扶持体系，通过一系列政策扶持，包括提供职业培训、职业指导、职业介绍等，帮助他们尽快找到工作岗位或自主创业。三是内部退养一批。对于年纪比较大，距离法定退休年龄不足 5 年，再就业确实比较困难的职工，允许他们进行内部退养。四是公益性岗位托底安置一批。对有些职工，特别是一些大龄的职工，还有一些零就业家庭，通过市场再就业确实比较困难的，通过开发一些公益性岗位来帮助他们实现再就业。

五、缩小社会收入差距

收入分配问题是民生的一个基本问题，关系千家万户，涉及全体人民的切身利益。缩小收入差距对于全面建成小康社会、维护社会公平正义具有重要意义。

改革开放以来，随着我国经济的快速发展，城乡居民收入显著提高。同时收入分配制度改革不断深化，打破传统经济体制下平均主义"大锅饭"体制，确立按劳分配为主体、多种分配方式并存的分配制度，实现了收入分配制度向适应社会主义市场经济体制的转变，极大地激发了全体人民的积极性、主动性和创造性，解放和发展了社会生产力，促进了经济持续快速发展，生活水平不断改善。

但是在经济社会发展进程中，收入分配领域逐渐积累了一些问题，突出表现为：居民收入差距存在扩大趋势，特别是城乡之间、不同地区之间、不同行业之间收入差距还比较大；在国民收入分配格局中，居民收入在国民总收入中的比重、劳动报酬在初次分配中的比重偏低；收入分配秩序不规范等。收入分配领域出现这些问题有一定的客观因素。我国区域之间自然条件不同，资源禀赋差异很大，客观上存在发展不平衡问题。长期以来，我国劳动力供大于求，资本、技术、管理等要素相对短缺，在市场机制作用下，容易形成劳动报酬偏低现象。同时也应当看到，我国收入分配领域存在一些突出问题，很大程度上也是改革滞后和政策不完善造成的。例如，资源价格形成机制不合理，一些资源性行业企业以低成本甚至无偿使用公共资源。一些行业竞争不充分，一些企业依靠垄断获取超额利润。工资制度不完善，企业工资决定机制不健全。再分配领域改革滞后，调节机制不完善。税制改革滞后，调节收入分配功能较弱。

★ ★ ★ **精 彩 论 述** ★ ★ ★

　　发展为了人民、发展依靠人民、发展成果由人民共享。作为最难啃的"硬骨头"之一，收入分配改革动的是真金白银，改的是切身利益。加速让百姓"钱袋子"鼓起来，必须扎实深化改革，知难而进。这考验着各级政府对"共享"理念的践行程度，更取决于其为民谋利的决心和勇气，要在"提低""扩中""限高"等具体政策推进中敢于动真格，勇于冲破利益藩篱。

　　　　　　　　　　　　　　　　——新华社记者　姜琳、徐博

　　要缩小收入差距，必须正确处理公平和效率关系，坚持居民收入增长和经济增长同步、劳动报酬提高和劳动生产率提高同步，持续增加城乡居民收入，规范初次分配，加大再分配调节力度，调整优化国民收入分配格局。

　　首先，完善初次分配制度。完善市场评价要素贡献并按贡献分配的机制。健全科学的工资水平决定机制、正常增长机制、支付保障机制,推行企业工资集体协商制度,完善最低工资增长机制。健全高技能人才薪酬体系,提高技术工人待遇。完善适应机关事业单位特点的工资制度。加强对国有企业薪酬分配的分类监管。注重发挥收入分配政策激励作用,扩展知识、技术和管理要素参与分配途径。多渠道增加城乡居民财产性收入。

其次,健全再分配调节机制。实行有利于缩小收入差距的政策,明显增加低收入劳动者收入,扩大中等收入者比重。加快建立综合和分类相结合的个人所得税制度。将一些高档消费品和高消费行为纳入消费税征收范围。完善鼓励回馈社会、扶贫济困的税收政策。健全针对困难群体的动态社会保障兜底机制。增加财政民生支出,公共资源出让收益更多用于民生保障,逐步提高国有资本收益上缴公共财政比例。

再次,规范收入分配秩序。保护合法收入,规范隐性收入,遏制以权力、行政垄断等非市场因素获取收入,取缔非法收入。严格规范工资外收入和非货币性福利。全面推行非现金结算,建立健全自然人收入和财产信息系统,完善收入统计调查和监测体系。

六、完善社会保障制度

社会保障是保障人民生活、调节社会分配的一项基本制度。近些年,我国社会保障制度改革和事业快速发展。一是制度建设取得突破性进展。社会保险法颁布实施,城镇居民基本医疗保险、新型农村社会养老保险和城镇居民社会养老保险等重要制度先后建立，实现了由单位和家庭保障向社会保障、由覆盖城镇职工向覆盖城乡居民、由单一保障向多层次保障的根本性转变。二是覆盖范围迅速扩大。到 2014 年，全国城镇职工和城乡居民基本养老保险参保人数分别达到 3.1 亿人和 4.7 亿人，职工医保、居民医保和新农合三项基本医疗保险参保人数超过 13 亿人。三是保障水平稳步提高。我国连续多年上调企业退休人员养老金，2015 年全国企业退休人员人月均基本养老金达到 2200 元，是 2010 年的 1.7 倍。逐步提高基本医疗保险报销比例和最高支付限额，失业、工伤、生育保险待遇明显提高。

与此同时，我国社会保障体系建设也存在许多问题亟待解决：一是管理体制分割。城乡医疗保险分别由不同的部门管理，制度、机制间缺乏衔接和协调，存在重复参保和政府重复补贴、机构重复建设、资源浪费等问题。社会保险费征收体制不一，征收机构由省级政府各自确定，导致社会保险管理环节脱节。社会保险的统筹层次仍不高，不利于在更大范围分散风险。城乡低保、医疗救助与社会保险之间需要统筹安排和搞好衔接。二是待遇差别较大。城乡间、不同群体间社会保障待遇差距仍然较大，不同群体内部之间相互攀比，成为影响社会稳定的因素。三是基金长期平衡及保值增值压力大。社会保险基金目前收大于支。但人口老龄化对养老保险和医疗保险影响巨大，将导致社会保险基金收支缺口逐步扩大，制度运行有隐患。目前，结余积累的社会保险基金只能存银行、买国债，投资渠道窄，保值增值困难。四是管理服务体系不能适应发展的要求。随着社会保障制度覆盖人群的快速扩大，特别是向农村的延伸，基础建设薄弱、人员配备不足、能力建设滞后的问题越来越突出。

建立健全更加公平、更可持续的社会保障制度，必须坚持全民覆盖、保障适度、权责清晰、运行高效，稳步提高社会保障统筹层次和水平。

首先，完善社会保险体系。实施全民参保计划，基本实现法定人员全覆盖。坚持精算平衡，完善筹资机制，分清政府、企业、个人等的责任。适当降低社会保险费率。完善统账结合的城镇职工基本养老保险制度，构建包括职业年金、企业年金和商业保险的多层次养老保险体系，持续扩大覆盖面。实现职工基础养老金全国统筹。完善职工养老保险个人账户制度，健全参保缴费激励约束机制，建立基本养老金合理调整机制。推出税收递延型养老保险。更好发挥失业、工伤保险作用，增强费率确定的灵活性，优化调整适用范围。建立更加便捷的社会保险转移接续机制。划转部分国有资本充实社保基金，拓宽社会保险基金投资渠道，加强风险管理，提高投资回报率。大幅提升灵活就业人员、农民工等群体参加社会保险比例。加强公共服务设施和信息化平台建设，实施社会保障卡工程。

其次，健全社会救助体系。统筹推进城乡社会救助体系建设，完善最低生活保障制度，强化政策衔接，推进制度整合，确保困难群众基本生活。加强社会救助制度与其他社会保障制度、专项救助与低保救助统筹衔接。构建综合救助工作格局，丰富救助服务内容，合理提高救助标准，实现社会救助"一门受理、协同办理"。

建立健全社会救助家庭经济状况核对机制，努力做到应救尽救、应退尽退。开展"救急难"综合试点，加强基层流浪乞讨救助服务设施建设。

第三，支持社会福利和慈善事业发展。健全以扶老、助残、爱幼、济困为重点的社会福利制度。建立家庭养老支持政策，提增家庭养老扶幼功能。做好困难儿童福利保障工作。完善儿童收养制度。加强优抚安置工作。发展公益性基本殡葬服务，支持公共殡仪馆、公益性骨灰安放（葬）设施和墓地建设。加快公办福利机构改革，加强福利设施建设，优化布局和资源共享。大力支持专业社会工作和慈善事业发展，健全经常性社会捐助机制。广泛动员社会力量开展社会救济和社会互助、志愿服务活动。

七、增加公共服务供给

增加公共服务供给是全面建成小康社会的需要。近些年来，我国经济社会发展取得举世瞩目成就。但是相对经济建设，社会建设总体上还是滞后的，特别是基本公共服务供给仍然不足，并已成为制约全面建成小康社会的重要短板。必须以增加公共服务供给为重点带动社会建设，才能补齐发展短板，如期全面建成小康社会。增加公共服务供给是实现共享发展的需要。增加公共服务供给是实现共享的有效方式，通过增加公共服务供给，特别是促进基本公共服务均等化，可以缩小收入差距，提高共享水平，促进社会公平正义。增加公共服务供给是更好发挥政府作用的需要。

公共产品和服务的非竞争性和非排他性，造成其供给中市场失灵，需要政府在公共产品和服务供给中发挥主导作用，而我国政府在公共服务供给的某些方面存在一定的不足甚至缺位。

★ ★ ★ **精 彩 论 述** ★ ★ ★

一个充满希望和活力的社会，必然拥有优质、高效的公共服务。尊重和回应老百姓的利益诉求，让简政放权进一步激发市场活力和社会创造力，让公共服务"触手可及"，普通劳动者才会"实现体面劳动"、"活得更有尊严"，创业创新者才会拥有更多"人生出彩，梦想成真"的机会和路径。

——新华社评论员

增加公共服务供给，必须坚持普惠性、保基本、均等化、可持续方向，从解决人民最关心最直接最现实的利益问题入手，增强政府职责，提高公共服务共建能力和共享水平。

首先，促进基本公共服务均等化。围绕标准化、均等化、法制化，加快健全国家基本公共服务制度，完善基本公共服务体系。建立国家基本公共服务清单，动态调整服务项目和标准，促进城乡区域间服务项目和标准有机衔接。合理增加中央和省级政府基本公共服务事权和支出责任。健全基层服务网络，加强资源整合，提高管理效率，推动服务项目、服务流程、审核监管公开透明。

其次，满足多样化公共服务需求。开放市场并完善监管，努力增加非基本公共服务和产品供给。积极推动医疗、养老、文化、体育等领域非基本公共服务加快发展，丰富服务产品，提高服务质量，提供个性化服务方案。积极应用新技术、发展新业态，促进线上线下服务衔接,让人民群众享受高效便捷优质服务。

第三,创新公共服务提供方式。推动供给方式多元化,能由政府购买服务提供的,政府不再直接承办;能由政府和社会资本合作提供的,广泛吸引社会资本参与。制定发布购买公共服务目录,推行特许经营、定向委托、战略合作、竞争性评审等方式,引入竞争机制。创新从事公益服务事业单位体制机制,健全法人治理结构,推动从事生产经营活动事业单位转制为企业。

八、促进人口均衡发展

我国实施了几十年的计划生育政策,对于缓解人口和就业,促进经济社会发展做出了重要贡献,有力促进了人民福祉的提高。但是,目前我国人口和就业状况已经发生很大变化。根据第六次人口普查数据。2010 年全国总和生育率(育龄妇女平均生育子女数)为 1.18110,其中"城市"为 0.88210,"镇"为 1.15340,"乡村"为 1.43755。总和生育率倒数前五名分别是北京 0.70670、上海 0.73665、辽宁 0.74090、黑龙江 0.75140、吉林 0.76000。 而 2010 年全球平均每个妇女生 2.5 个孩子,发达国家为 1.7 个,欠发达国家为 2.7 个,最不发达国家为 4.5 个。我国总和生育率不但明显低于发展中国家,也低于发达国家。 根据联合国标准,如一国 60 岁以上老年人口达到总人口数的 10% 或 65 岁以上老年人口占人口总数的 7% 以上,则该国就属人口老龄化国家。按照这一标准,我国在 2000 年就已成为人口老龄化国家。另据预测,到 2050 年,我国老年人口将达到 4.8 亿，占总人口将超过 35%，成为世界老龄化最严重的国家。与此同时，我国劳动力已经从过去的严重过剩转为短缺，甚至劳动力总量呈现绝对下降。根据国家统计局数据，2012 年我国劳动年龄（16—59 岁）人口在相当长时期里第一次出现了绝对下降，比上年减少 345 万人。2013 年和 2014 年分别减少244 万人和 371 万人。客观条件的变化，要求人口政策也必须与时俱进，以促进人口均衡发展。

首先，坚持计划生育的基本国策，全面实施一对夫妇可生育两个孩子政策。改革完善计划生育服务管理，完善生育登记服务制度。提高生殖健康、妇幼保健、托幼等公共服务水平。做好相关经济社会政策与全面两孩政策的有效衔接。完善农村计划生育家庭奖励扶助和特别扶助制度，加强对失独家庭的关爱和帮助。做好优生优育的全程服务。注重家庭发展。综合治理出生人口性别比偏高问题。

其次，完善人口发展战略，建立健全人口与发展综合决策机制。综合应对劳动年龄人口下降，实施渐进式延迟退休年龄政策，加强老年人力资源开发，增强大龄劳动力就业能力。开展重大经济社会政策人口影响评估，健全人口动态监测机制。

第三，积极应对人口老龄化。建立以居家为基础、社区为依托、机构为补充的多层次养老服务体系。统筹规划建设公益性养老服务设施，支持面向失能老年人的老年养护院、社区日间照料中心等设施建设。全面建立针对经济困难高龄、失能老年人的补贴制度。加强老龄科学研究。实施养老护理人员培训计划，加强专业化养老服务护理人员和管理人才队伍建设。推动医疗卫生和养老服务相结合。完善与老龄化相适应的福利慈善体系。推进老年宜居环境建设。全面放开养老服务市场，通过购买服务、股权合作等方式支持各类市场主体增加养老服务和产品供给。加强老年人权益保护，弘扬敬老、养老、助老社会风尚。

（徐平华　中共中央党校经济学部教授）

❼ 怎样推进供给侧结构性改革？

推进供给侧结构性改革，是适应和引领经济发展新常态的重大创新，是适应国际金融危机发生后综合国力竞争新形势的主动选择，也是适应我国经济发展新常态的必然要求。

最近，关于"供给侧改革"的讨论如火如荼，短短两个月内供给侧改革成为中央高层话语中频频出现的热门词汇，也逐步成为理论界研究的重点。自2015年11月10日到11月18日的9天时间里，中央高层9次提及供给侧改革，前所未有。2015年12月9日至11日召开的《中央经济工作会议》更是以供给侧的结构性改革为主题，足以显示出中央对于这一改革的重视程度，也标志着政府经济发展思路出现重大转折。《中央经济工作会议》指出，推进供给侧结构性改革，是适应和引领经济发展新常态的重大创新，是适应国际金融危机发生后综合国力竞争新形势的主动选择，也是适应我国经济发展新常态的必然要求。从我国经济发展实践来看，宏观调控政策多是基于凯恩斯在《就业、利息与货币通论》

分流   新华社发 徐骏 作

中提出的"有效需求"理论，"有效需求"理论中所提出的投资、消费和出口需求被称为"三驾马车"，成为长期以来我国经济增长的动力源，也由此形成了我国宏观调控的基本政策框架。但是，随着我国经济发展由高速增长阶段进入到中高速增长阶段，过去注重需求侧管理的政策调控效果日渐式微，出现了产能过剩、房地产和资产价格泡沫、地方政府债务压力加大以及银行不良贷款率上升等问题，此时中央反复强调供给侧结构性改革无疑是针对上述问题所提出的一剂良方。因此进一步研究供给侧结构性改革，运用好供给侧改革具有重要意义。

一、供给侧改革的理论渊源

回顾经济学发展史不难发现，基于"供给侧"的管理政策思想在经济学理论中是一以贯之的，只是一直以来没有受到多数人的重视。从古典经济学时期的亚当·斯密在《国富论》中强调劳动和资本等"供给侧"因素在经济发展中的作用，认为市场这只"看不见的手"可以自行调节供给和需求，政府不应干预市场，到新古典经济学时期法国经济学家萨伊提出的著名的"萨伊定律"，认为供给自动创造需求，即经济一般不会发生任何生产过剩的危机，更不可能出现就业不足，因为供给会创造自己的需求，再到以阿瑟·拉弗、罗伯特·蒙代尔等人为代表的供给学派，提出主张经济学应着重分析社会经济的供给方面，可以说将供给管理思想发挥到了极致。

供给学派是 20 世纪 70 年代中期逐渐在美国兴起的一个新自由主义的经济学流派,并由于其对 70 年代末执政的美国里根政府所实行的"里根经济学"产生的深刻影响,因而在西方经济学理论中占据了一席之地。历史向前追溯到 1930 年,美国爆发了以失业和生产过剩为特征的经济危机,史称"大萧条",这次危机的严重程度迫使资本主义社会处于随时崩溃的边缘,此时,凯恩斯根据"罗斯福新政"当中的一系列政策措施,在其著作《就业、利息与货币通论》中提出一套基于"有效需求"管理的宏观经济调控理论和政策,最终为挽救资本主义社会提供了理论基础。然而好景不长,美国经济在进入 70 年代以后,经济增长缓慢而且波动频繁,通货膨胀居高不下,出现了经济停滞、失业以及通货膨胀同时存在的"滞胀"现象。按照凯恩斯理论主张的政府干预的结果是公债激增、税收增加、赤字上升,凯恩斯主义经济学在"滞胀"问题面前无能为力,运用该理论不仅无法解释出现"滞胀"的原因,反而进一步加剧了"滞胀"问题,导致凯恩斯经济学的地位受到挑战和动摇。此时,迫切需要新的经济学理论和政策恢复美国经济的稳定发展,以供给经济学为核心内容的经济理论和政策主张应运而生。

面对 70 年代初开始出现并日益严重的"滞胀"局面,供给学派认为,滞胀问题完全是长期推行需求管理政策所造成的累积效应,其根源在于凯恩斯理论,因而必须予以否定,并重新恢复"萨伊定律"。为了重新恢复"萨伊定律"的地位,供给学派着重从供给角度分析,对供给与需求之间的关系以及供给对生产率的影响进行了重新的分析和定位。在该学派看来，购买力永远等于生产力，社会生产多少产品，就会有多少购买力来购买。生产者在生产过程中会给自己的产品创造需求，不会由于需求不足而出现生产过剩。供给学派认为，现实中的非均衡缺口表面上看起来是需求不足，供给过剩，但实际上是"无效供给"过剩伴随着"有效供给"不足而引起的，所以本质上还是由于供给端出现了不平衡，比如 30 年代"大萧条"也不能完全归因于需求不足，还跟"有效供给"不足有关。对于资本主义经济中经常出现的经济波动的原因，供给学派从以下三个方面做了解释：

一是经济过剩常常是"劣等品"过剩，而不一定是有效的供给过剩。可以看出，供给学派认为，生产过剩虽然表面看起来是一个总量问题，但实际上是一个结构性问题，在具体的生产实践中，要区分"供给"和"有效供给"，供给总量过剩不意味着"有效供给"过剩。

二是在资源稀缺的世界中，商品过剩是表面的，商品过剩不是由于需求不足，而是缺乏创造性生产，缺乏新的技术所带来的供给以及由于新供给引致的新需求。

三是商品过剩的程度与企业的创新性有关。应当分清是供给还是需求为主导影响商品供求和商品过剩的状态。如果以需求为主导，企业缺乏创造新产品的内在动力和活力，因为对于不很熟悉的新产品难以预测市场销售前景，这实际上是一种将企业看作是只能被动适应市场需求而提供商品和服务的生产单位的观点，因此，企业必定缺乏创新精神，市场上就充斥着"劣等品"，根据边际效用递减原理，这些产品的需求数量当然会萎缩，在需求萎缩时，政府刺激经济的政策不仅不能解决问题，反而会导致供需更加不平衡，进一步加剧过剩。

因此，供给学派相对于其他的经济学派更注重宏观经济政策的供给效应分析，他们尤其反对凯恩斯学派在宏观经济政策分析中片面地强调需求效应（宏观经济政策对总需求的影响）的观点，被认为是对凯恩斯经济学的根本性扭转。供给学派的学者们认为，供给效应对预估政府政策作用是相当重要的。供给学派从供给角度分析了宏观经济政策效应，具体包括税收的供给效应、货币政策的供给效应和政府干预的供给效应。

1. 减税。供给学派以"拉弗曲线"作为减税政策的理论依据，认为税率的高低是刺激经济主体进行经济活动从而刺激商品和劳务供给的最重要的因素。高税率会抑制企业投资，会减少投资的积极性。相反，减税会增加经济主体供给。在短期内减税提高了人们的工作积极性，刺激了储蓄和投资的增加，总供给随之增加。减税使人们可支配的收入增加，需求也增加，总供给和总需求共同增加的结果是国民收入增加，而价格水平没有变化。因此，减税可以同时实现经济增长和稳定价格水平两大目标。

2. 控制货币。供给学派认为，凯恩斯的货币政策造成通货膨胀，通货膨胀使价格发生变化，从而不能正确地传递市场信息，并造成资源分配效率降低，从而降低了经济效率。因此，供给学派特别强调货币金融对于供给因素的影响，主张稳定货币，反对通货膨胀，特别是反对凯恩斯所提出的货币刺激政策。

3. 反对政府干预。关于规章制度所造成的供给效应问题，供给学派认为，规章制度会对供给产生负面效应，因为，政府在制定和执行这些规章制度时，产生了大量的成本。为了遵守这些制度，地方政府和企业等经济主体也会随之增加成本，从而限制了经济主体进行技术创新、利用资源的能力，导致企业投资下降，供给下降。

二、供给侧结构性改革提出的背景：中国经济发展动力面临转折点

经济发展"新常态"的提出标志着中国经济发展速度由高速增长阶段迈入中高速增长阶段，此时通过《中央经济工作会议》系统性阐述供给侧结构性改革，意味着中国经济发展到今天，不再是周期性调整的一个阶段，而是进入了系统性的结构调整时期。今天，我们所要面临的经济发展问题，不仅是受到发端于 2008 年全球金融危机的短期影响，更是一次长周期的历史转折点。

◇◇◇ 专家观点 ◇◇◇

进入新常态的中国经济，面临一系列新的突出矛盾和问题。表象上是速度问题，根子上看是结构问题。抓住"供给侧"做文章，是中国经济进入发展新阶段的必然选择。

——中国（海南）改革发展研究院院长　迟福林

1.回溯改革开放时期中国经济发展动力

改革开放后的三十年，中国经济保持了 9.9% 的平均增长速度，

主要取决于五个方面的因素，即制度红利、人口红利、资本红利、技术红利和开放红利。

第一，由于不断进行体制机制改革所带来的制度红利。新中国成立初期，为了加强国防工业建设，需要快速建立起一套完整的重工业体系，面对资金、外汇和技术等极其稀缺的限制条件，通过对利率、汇率以及一揽子商品和服务价格实行压低式"扭曲"，政府按照计划配置资源以及全面控制企业等方式，逐步形成了以行政干预为主要特点的计划经济体制。但是，随着历史条件的改变和经济发展阶段的转换，这种旧有的经济发展体制的优势逐渐褪去，劣势却越来越明显，在一定程度上甚至阻碍了经济发展绩效和人民生活水平的提高。因此，在十一届三中全会实施改革开放伟大战略之后的三十年历程中，实际上是资源由国家集中配置不断向市场经济配置渐进式让渡的过程，激发各类经济主体的活力和积极性，在这个过程当中，伴随着土地制度、利率市场化，汇率形成机制市场化等一系列体制机制的改革措施，极大地释放了市场活力，带来了资源利用和配置效率的提高，从而促进经济发展。

第二，由于劳动力数量和结构变化而带来的人口红利。人口红利虽然目前没有一个十分明确的科学定义，但是可以从一般意义上理解为在一个社会人口结构中，由于劳动人口增长率高于非劳动人口增长率而对于经济增长的贡献。人口红利既来自总量上人口绝对数的增长，也来自农村人口向城市的区域性迁移，城市化不仅将大量人口带入新的消费领域，也为工业和服务业发展提供了大量廉价劳动力。在中国，还有一个重要的影响人口数量和结构的制度因素就是计划生育政策，这使得中国人口发展呈现出一条前所未见的人口结构变动曲线，从中可以看出工作年龄人口数量占整个社会总人口数量的比重逐步上升，降低了被抚养人口比重，从而增加的劳动力数量极大地降低了生产成本，推动了经济增长。

第三，由于资本积累、资本深化以及资本存量调整使得储蓄转化为投资的能力增强而带来了资本红利。我国经济具有典型的投资驱动型增长特征。投资之所以增长快速，最重要的原因是投资收益率非常高，主要取决于两个方面。一方面，从资金供给方来看，我国早期的金融结构较为单一，金融系统主要以银行部门的形式存在，居民、政府和企业没有过多的投资渠道，只能将资金存放在银行部门作为储蓄，同时，政府依靠行政手段对银行进行干预，人为地压低贷款利率，利率作为资金的使用价格显得相对低廉；另一方面，从资金的需求方来看，中国改革开放之后，无论是基础设施，还是日常生活用品，都非常匮乏，导致几乎任何投资都有相对较高的投资回报率，再加上当时世界经济增长较快，欧美等发达国家为国内投资增加而扩大的产能提供了广阔的市场，从而提振了外需，也为中国实施对外开放战略提供了良好的外部条件。在以上两方面因素的共同作用下，不管是企业还是政府，无论是哪一方作为投资主体，较低的融资成本都伴随着较高的投资收益，使得最终的投资收益率非常高。

第四，由于全要素生产率增长较快而带来的技术红利。技术的不断创新以及由此带来的产业不断升级，正是经济快速增长的决定因素，对发达国家是这样，对发展中国家也是这样。发达国家自 18 世纪工业革命之后，一直处于世界技术发展的最前沿，任何一项技术创新带来巨大财富增长的背后都需要自身研发而耗费的大量投入，一旦创新失败，引起的风险对于创新主体来说往往是难以承受的。中国与发达国家的技术差距使得我国可以通过引进、消化、吸收和再创新的方式获得成倍于他国的经济增长速度，而不必承受很大的风险，这也被称之为"后发优势"，中国凭借这种优势获得了长期较快的经济增长速度。

第五，由于融入全球化脚步加快的开放红利。如同二战后很多国家取得较快的经济发展速度一样，中国的经济发展成就很大程度上也得益于对外开放的内容扩大和程度加深。开放的全球经济给中国的发展带来了两大要素：技术和市场。中国通过对国外的先进技术进行引进，消化，吸收，再创新，极大地促进了生产率的提高，可以获得成倍于他国的发展速度，却避免了技术创始国付出的研发成本，使得"后发优势"得以显现，技术的不断创新带来了资源利用效率的提高。同时，国际市场的扩大和深化带来了产业的优化升级，提高了资源的配置效率，在两者的共同作用下不断推动经济发展。另外，随着中国对外开放进程的加深，得以将国内的劳动力、土地等要素成本优势通过参与国家分工的方式转化为国与国之间的比较优势，国内企业通过利用国内国外"两个市场"和"两种资源"，提高了国际竞争力，带动经济发展。

2. 金融危机之后中国经济增长动力正在下降

在分析了改革开放时期中国经济获得快速增长速度的原因之后，就能比较容易理解从2008年金融危机之后为何中国经济在经历了短期的快速增长之后逐渐进入一个下行区间。

第一，改革难度加大，改革红利释放难度加大。中国改革经过30多年，已然不是"摸着石头过河"的阶段，当前的改革进入深水区和攻坚期已是不争的事实。过去的改革主要表现为"增量"改革，难度较小的领域成为优先改革的目标，对当时的利益相关者影响相对有限，而如今在国内和国际形势风云变幻，经济体制改革自纵深推进难度加大以及经济规模总量世界第二和收入分配差距加大等矛盾的突显，改革取得诸多成绩的同时我们也应该清醒地认识到很多领域的改革已经进入瓶颈，旧有的和新产生的利益集团相互交织在一起，形成了一个更为复杂的利益格局，严重阻碍了改革进程的进一步深化，比如在如何处理政府和市场关系的体制方面，虽然不是一个新问题，但却贯穿改革始终，至今仍是改革的重中之重，政府与市场的关系应得到正确处理，调控的目的是为了使市场经济更好地发挥作用，而不是危机一旦出现，市场经济还没有发挥资源配置决定性作用的时候，就阻碍市场经济的发展。

第二，人口红利拐点显现，人口红利正在消失。2012年，我国15—59岁劳动年龄人口第一次出现绝对下降，相关专家预测从2010年到2020年，劳动年龄人口将减少2900多万人。通过国际比较发现，到2020年，中国60岁以上人口将接近20%，欧洲国家用 100 年时间，发展中国家用 60 年时间达到的老龄化程度，中国只用 20 年便将达到，这意味着全社会劳动投入增长将逐步放缓。其根本原因也是因为计划生育，1978 年到 2008 年，出生率被压低，人口抚养比升高，同时也减少了未来的劳动力供给，也就是说，计划生育政策既给中国经济增长带来了有利的人口条件，又加速了中国的人口老龄化进程。

第三，投资回报率下降，资本红利日益减少。在市场经济中，一个重要的规律就是边际投资收益递减，也就是说，投资效益并不随投资规模的盲目扩大而递增，而是达到某一临界点后，收益会递减。以此来看，投资增速下降的原因之一是投资回报率下降，而产能过剩就是投资回报率下降的最好注解。该问题不仅出现在钢铁、煤炭和水泥等传统产业，太阳能、风能等新兴产业同样面临产能过剩。甚至在铁路、公路以及机场等基础设施领域，同样面临投资收益率严重偏低的问题，造成产能过剩的主要原因是外需与内需的同时下降。金融危机之后，欧美等发达国家经济增速下滑，导致外部需求数量直线下降，造成国内生产的许多产品供大于求的局面。同时，国家虽然实施了四万亿的经济刺激政策，但用于教育、医疗等改善民生领域的数额较少，在增加居民的消费能力作用方面并不明显，对于提振内需极为有限。另外，投资收益率下降的一个重要原因就是资金的供给方的结构性变化，劳动年龄人口减少的另一面是被抚养人口增加，抚养支出上升，过去我国人口负担轻，可以维持高储蓄率，从而带来高投资，今后随着储蓄率的下降，可用于投资的资本增长也将放缓。

第四，技术创新不足，技术红利逐步缩小。首先，自 2001 年加入 WTO，中国在引入大量外资的同时，也引进了大量国外的先进技术，加之自身的技术创新和进步，与国外先进技术的差距日益缩小。其次，中国经济规模的增加速度使得国际上其他国家不得不引起高度警惕。2005 年，中国经济规模还不到美国的一半，然而 2011 年，中国就超过日本成为世界第二大经济体，而此前根据国际货币基金组织估计，中国已经于 2014 年超过美国成为全球第一大经济体，同时预计到 2019 年，中国经济规模将超过美国 20%，如此迅速的经济增长速度也增加了别国的不安和忧虑。

第五，贸易保护主义抬头，开放红利空间缩小。自 2008 年金融危机之后，各国出于保护国内市场等目的，出台了一系列有针对性的贸易政策，国内贸易保护趋势逐步显现。特别是以西方国家为主导的国际经济组织和机构在制定国际贸易规则的时候会更具针对性，用更加严格的和隐蔽的方式限制中国的资金利用和技术创新水平。美国政府最近在大西洋（TTIP）和太平洋（TPP）区域构筑的新的国际贸易投资体系，实际上就是通过新的规则进行约束和限制，中国从国外获得先进技术的成本和风险都显著增加。

三、需求侧管理的失效：小周期刺激性政策难以应对长周期结构性大问题

凯恩斯政策无法解决长周期的结构性问题，由于凯恩斯经济

学的理论基础是围绕"有效需求"不足而展开，因此，凯恩斯经济学是典型的"需求侧管理"理论，据此所制定的政策核心也是为了刺激需求。但是，从实施效果来看，需求侧管理往往在短期内产生效果，但从中长期来看，会造成债务负担过重、实体经济产能过剩、资产价格泡沫严重直至拖累经济增速下滑的局面，这一点已经从中国的经济发展实践当中得到印证。

（1）从短期来看，经济发展的轨迹是遵循凯恩斯范式的，比如在凯恩斯理论中，物品和服务的供给量会受到粘性工资的影响，但此时经济主体的总供给曲线是基于短期这一前提的，因此，凯恩斯的扩张性经济刺激政策并不适用于长期的经济发展。同时，从长期来看，经济发展的轨迹仍然应该是（新）古典范式的，市场失灵在得到宏观调控之后会逐步趋于均衡，政府不恰当的干预政策会打破这种平衡，对于总需求的影响不仅无效，反而可能会产生负面效应，美国经济发展到 18 世纪 70 年代出现的"滞胀"问题恰恰说明了凯恩斯主义的失败。

（2）供给和需求在经济学中是最基本也是必须同时存在的一对概念，因此，过去仅将需求侧的"三驾马车"看作是经济增长的动力的观点是有失偏颇的，比如单纯从需求侧来看待消费，其实采取了静态的和割裂的分析方法，许多新的消费领域或者动力的产生不是由于消费需求发生了改变，而是因为和这种新的消费内容相对应的供给有所变化，比如在数码技术产生以前，市场当中并没有对数码相机的消费需求，使得一向以胶卷技术领先的柯达公司仿佛在一夜之间倒闭关门，此类的问题并不是由于基于消费的需求侧出现了问题，而是因为供给的技术创造了新的市场需求，从而取代了原有的需求。

◇◇◇ 专家观点 ◇◇◇

　　我国不是需求不足或没有需求，而是需求变了，供给的产品没有跟上，有效供给能力不足带来大量需求外溢，消费能力严重外流。供给侧结构性改革就是从生产端入手，破除体制障碍，降低企业成本，推动适应新需求的新技术、新产业、新业态、新模式蓬勃发展。

——国家行政学院常务副院长　马建堂

四、积极推进供给侧改革：增强中国经济增长动力

　　通过前面的理论回顾可以看出，供给经济学由于其对美国70年代末开始执政的里根政府所实行的"里根经济学"产生的深刻影响而成为西方经济学中的重要理论之一。供给经济学有两大理论支柱，一是"拉弗曲线"理论，二是"萨伊定律"。按照"拉弗曲线"理论，税率增加到一定程度时，经济主体的投资活动会受到抑制，导致税基减少，税收收入可能不升反降。同时，政府的过度干预会扭曲市场行为，降低经济效率。所以，当美国因实行凯恩斯主义所主张的政府干预政策导致"滞胀"出现时，里根政府采纳了供给学派的政策主张，实行了包括以减税为核心的，同时减少政府干预，缩减政府开支以及紧缩货币供给等经济政策，这些都为中国更好地推行供给侧结构性改革提供了经验借鉴。

　　1. 减少政府干预。改革开放以后，中国经济逐步走向市场化，

★★★ **精 彩 论 述** ★★★

供给侧结构性改革是个新课题，坚持系统思维，用好辩证法，才能稳步推进。既强调供给又关注需求，既突出发展社会生产力又注重完善生产关系，既发挥市场在资源配置中的决定性作用又更好发挥政府作用，既着眼当前又立足长远。

——新华社评论员

但这种趋势在 2008 年金融危机之后速度有所下降，方式有所偏离。政府对于宏观经济的干预有所加强。未来减少政府干预主要体现在以下三点：（1）对一些竞争性领域放宽准入限制。尤其是在行政性垄断问题突出的领域，如电力、石油、天然气、交通运输、电信以及医疗、教育、文化、体育等公共领域的价格实行全面放开，通过新的投资者的引入来鼓励和加强竞争，构建一个公平、公正和公开的竞争环境，这样才能降低表面看起来过多其实无效的投资，提高投资效率。（2）促进土地、资金和劳动力等各类要素在两级结构层面全面自由流动，一级是城乡结构，主要是围绕户籍制度改革而展开。我国目前还处于城市化进程中，与大城市相比，三四线城市和乡镇发展还有很大的空间，积极推动城乡之间、中小城镇之间的互联互通和基本公共服务均等化进程，取消和户口挂钩的各项社会福利，均可达到促使劳动力等生产要素的自由流动的目的，这些措施会极大地鼓励农村人口进入城市对房地产市场产生需求，在去库存方面有助于盘活存量。另一级是产业结构，尽管目前以服务业为主的第三产业比重已经超过了第二产业，但制造业仍是国家国际竞争力的核心所在，特别是高端装备制造业，直接决定着实体经济的发展，可以借鉴德国制造业的发展经验，产品做强做细，抢占全球产业分工中高附加值的环节。（3）减少对企业兼并重组的行政干预。"优胜劣汰"是市场经济的基本生存法则，允许企业相互之间合法地兼并和重组，甚至破产退出等市场行为是政府对市场经济规律应有的尊重，只有通过市场化的优胜劣汰机制才能除去过剩产能，因为如果效率低下、面临倒闭的企业不退出市场，会有进一步吸取资金等生产要素和资源的内在动力，不仅造成资源的浪费，而且会拖累有自生能力的企业。但在现有体制条件下，特别是在产能过剩相对集中的重化工领域，大多为国有企业，地方政府干预较多，导致市场机制作用极为有限。企业倒闭破产或许会带来诸如就业等问题，但长此以往，弊大于利，如今中国要建设创新性国家，离不开企业的创新能力，目前产能过剩行业的一个最显著特点就是过于分散，一个分散的市场结构并不利于创新能力的发挥，所以，允许优质的企业兼并重组提高行业的集中度，提高行业整体效率也是创新的需要。

2. 减轻税负。减税的目的不只是为了降低企业经营负担，而是要形成一种对企业扶持的改革，特别是对中小企业的扶持，采取实质的减税措施，只有此种改革才能真正提高企业创新的活力和能力，这才是减税的目的所在。过去依靠"后发优势"的创新方式在某种程度上是在政府制定的相关产业规划下进行的，政府通过自上而下的方式，带有政府主导式创新的色彩，但创新不应该是规划出来，更多地应该是企业通过参与市场竞争，从市场这个试验场中诞生出来的，唯有企业成为真正的创新主体，创新的动力来自企业内部，一个国家的创新能力才是持久而高效的，为企业减税就是为企业创新提供条件，政府的作用更多地致力于培育创新环境，比如产权保护制度、创新要素流动的渠道以及金融支持科技创新体系建设等方面。

3. 稳定货币政策。依照凯恩斯经济学中的"有效需求"理论，中国政府采取了以刺激总需求为主要目标的宏观调控政策，特别是在 2008 年金融危机发生之后，宽松的货币政策导致货币供给量逐年增加，大量的货币流向了房地产、金融、基础设施以及传统落后的行业，导致了这些行业不同程度的产能过剩，因此，中央提出"去库存、去杠杆和去产能"，应该看到，宽松的货币政策更适用于需求侧管理，具有短期调控的政策效应，但并不适用于发挥长期效应的供给侧管理。一般而言，供给侧的效应需要更长时间方可显现，因此，相对稳定的货币政策更有利于供给侧结构性改革。目前的中国经济正处于一个结构调整期，政府应该提高对经济下行周期的容忍度，而不是急急忙忙再去实行刺激政策，否则只可能延缓危机发生，掩盖危机的结果可能带来更严重的危机。

总之，"供给侧结构性改革"，就是要通过减少政府行政干预，解除对人口、制度、土地、资源、金融、创新等要素的供给抑制，降低企业成本，从而提升产业效率，增加有效供给，积极推动"供给侧"成为中国"十三五"时期经济增长新机制。

（郭威　中共中央党校经济学部副教授）

⑧ 如何推进差别化落户？

　　推进差别化落户是涉及亿万农业转移人口的一项重大举措，是以人为核心的新型城镇化建设的关键环节。习近平总书记在关于"十三五"规划纲要的几个重点问题的说明中对农民工落户城镇进行了着重强调，将其列为全面建成小康社会的一项硬性要求。加快推进农民工落户城镇进程，使差别化落户政策能够落到实处，需要解决为什么要推进落户、为什么要差别化落户、如何推进差别化落户等一系列问题。

　　推进农民工群体在城镇落户是涉及亿万农业转移人口的一项重大举措，是以人为核心的新型城镇化建设的关键环节。"十三五"规划纲要出台后，中央接连出台了一系列旨在加快农业转移人口市民化的战略部署，明确提出了到2020年实现1亿人落户城镇、将户籍人口城镇化率提高至45%的战略目标。习近平总书记在关于"十三五"规划纲要的几个重点问题的说明中也对农民工落户城镇进行了着重强调，将其列为全面建成小康社会的一项硬性要求。为了加快推进农民工落户城镇进程，使差别化落户政策能够落到实处，需要首先解决一系列相关的理论问题，包括为什么要推进落户、落户为什么要差别化、如何推进差别化落户等。本专题将对这些问题逐一进行回答。

一、为什么要推进农民工落户

（一）落户是实现经济发展方式转变的客观要求

　　户籍制度是我国传统体制下的一项重要的制度安排，是与我国长期实行的经济赶超战略相适应的。根据发展经济学理论和发展中国家的实践，后发国家要赶超发达国家须进行大规模的投资。在改革开放之前，我国的大规模投资表现为重工业优先发展。重工业排斥劳动的特性以及通过工农业剪刀差转移农业剩余来积累资本的模式，内在地要求将农民束缚在土地上，而户籍制度就起到了维系城乡二元体制、严控农村人口进入城镇的作用。在改革开放之后，大规模投资又表现为沿海出口导向的劳动密集型产业持续扩张。劳动密集型产业低成本比较优势的获得不仅来源于极低的工资水平，还在于公共服务和社会保障的缺失而减少的支出，户籍制度此时又发挥着建构城镇内部二元体制、实现城镇社会福利歧视性分配的重要作用。可见，无论是在改革开放之前还是之后，户籍制度都对以投资驱动为特征的赶超型发展战略提供了重要的制度保障。

户籍制度与财税体制有着密切的联系，在经济赶超战略下，财税体制是服务于资本积累目标的。我国的税制结构是以商品税为主，直接税的比重较低，这使得地方政府更加倾向于招商引资，重视对企业的服务，而忽视对人尤其是流动人口的公共服务，户籍则起到了对城市人口提供歧视性公共服务的身份甄别作用。在高度分权化的福利统筹体制下，教育、医疗、社会保障、住房保障等公共支出责任主要由省级以下地方政府承担，而且越是发达地区，越是大城市，地方分担的比例就越高（李伟，2013）。在这样一种公共支出责任机制下，城市政府放宽落户条件的积极性显然不高。出于经济发展和财政支出之间的平衡，减轻公共支出的溢出效应，地方政府倾向于控制户籍人口规模，同时选择性地向拥有高人力资本和物质资本的人颁发户口，而不愿意向知识技能相对较低的人口敞开户籍大门，而这些人实际上也是城市经济发展和社会服务所必需的。近年来，很多地方出现了"投资落户""购房落户""人才落户"等以放宽落户为名、扩大税基为实的畸形户籍改革，其根源就在于投资依赖型税制结构和高度分权化的福利统筹体制。

当前，我国的经济发展进入新常态，发展方式正在发生着深刻的转变，经济的持续健康发展将不可避免地从依靠投资和外需转变为依靠消费和内需。而我国经济中最大的潜在消费群体和内需来源就是 2.7 亿农民工。由于农民工普遍没有城市本地户籍，在城市公共福利分享上受到歧视性待遇，普遍缺乏在城市定居的预期，从而极大限度地压低自身的消费支出，更不会购买城市住房。通过推进农民工差别化落户，实现农民工的市民化，必将使农民工形成在城市长期生活的预期，从而释放出农民工群体被长期抑制的潜在需求。有研究表明，放松户籍限制，可以使农民工的消费水平提高20.8%（陈斌开，2010）。每年市民化 1000 万农民工，将使我国经济增长平均加快 1 个百分点左右（国务院发展研究中心课题组，2010）。因此，推进农民工在城市落户，是改变我国长期以来推行赶超型发展战略所导致的重资本、轻劳动的政策倾向，实现经济发展以人为核心，发展模式由投资和外需驱动向消费和内需驱动转变的客观要求。

（二）落户是适应农业转移人口结构变化的内在需要

近年来，我国农民工数量增速持续下降，新增农民工总量由 2010 年最高时的 1245 万下降到 2015 年的 352 万，外出农民工更是从 802 万下降到了 63 万（如表 1 所示）。农民工增速下降的主要原因是每年可供进入劳动者队伍的农村人口的大为减少：一方面，我国的人口年龄结构发生了变化。如果以 16—18 岁三个年龄队列的农村人口平均值作为每年新进入劳动年龄的农村人口数量，2016 年新进入劳动年龄的农村人口约为 800 万左右，而这一数字在 10 年前的 2006 年约为 1100 万；[1] 另一方面，农村籍大学生数量持续增多。在 1998 年高校扩招之前，每年的普通高校新生约为 100 万，其中农村籍比例约 40%；而到 2015 年我国普通高校新生人数超过 700 万，农村籍比例超过 60%。[2] 由此可见，农民工总量增速的下降将是一个长期趋势。

表 1　近年来我国新增城镇人口来源结构

年份	（1）新增城镇人口（万人）	（2）城镇自然增长人口（万人）	（3）新增外出农民工（万人）	（4）新增本地农民工（万人）	（6）普通高校农村籍新生（万人）	（7）其他新增城镇人口（万人）
2009	2109	304	492	−56	384	985
2010	2466	309	802	443	397	515
2011	2101	321	528	527	409	316
2012	2103	342	473	510	413	365
2013	1929	350	274	359	420	526
2014	1805	380	211	290	433	491
2015	1819	390	63	289		

资料来源：中国统计年鉴；农民工调查监测报告；中国教育统计年鉴

注：（1）=（2）+（3）+（4）+（5）+（6）+（7）；城镇人口自然增长率用全国人口的自然增长率代替；普通高校农村籍新生用每年的普通高校招生人数乘以 60% 得到[3]。

---

1. 数据根据第六次人口普查推算得到。
2. 数据来源于《中国教育统计年鉴》。
3. 由于缺乏普通高校农村籍新生比例的数据，本文采用近似值代替。根据教育部学生司官员接受媒体采访时的透露，2011 年普通高校新生中农村籍学生比例为 60%，以此作为 2009—2014 年该比例的近似值。

虽然进城农民工增速放慢，但我国城镇化率仍然在以每年超过 1% 的速度提升。新增城镇人口的来源包括城镇自然增长人口、农村转移人口和由城乡地域重划造成的城镇人口增长三部分。其中，城镇自然增长人口较为稳定，近年来保持在 300 万—400 万左右。而在新增进城农民工人数持续下降、新增农村籍高校新生增幅有限的情况下，维持城镇化率以每年超过 1% 的速度增长的贡献力量主要来源于农民工随迁家属和城乡地域的重划，而后者更多地是由行政力量主导的农民"被城镇化"，且可持续性不强，不应成为城镇化水平提升的主要贡献力量。因此，要在未来若干年保持城镇化水平以每年 1% 左右的速度提高，实现 2020 年城镇化率达到 60%、2030 年城镇化率达到 70% 的目标，只有依靠推进农民工家属的城镇化。

中国农村劳动力向城镇转移的过程，与发达国家历史上乡城转移的一个最大不同之处就在于发达国家历史上的乡城迁移是举家迁移，而中国的农民工大多并未携带家属。当前，在我国的外出农民工中，实现举家迁移的农民工只有两成左右，男性农民工占据农民工总量的三分之二，40 岁以下的青壮年劳动力占了约 60%，[1] 有约三分之二的农村义务教育学龄阶段儿童在农村留守，[2] 可见留在农村的大多是老人、妇女和儿童，是农民工的家属。2015 年，我国农村户籍人口约为 8.2 亿，扣除 2.7 亿的农民工数量后，还剩约 5.5 亿，这些人大部分是外出农民工的留守家属，而他们正是未

1. 数据来源于《农民工调查监测报告》。
2. 数据来源于《中国教育统计年鉴》。

来城镇化水平提升的主要贡献力量。可以预见的是，随着新增农民工数量的快速下降，农民工家属成为新增城镇人口的主力，我国农业转移人口结构将发生巨大变化。

进城   新华社发　徐骏　作

要适应这种农业转移人口结构的变化，关键是要提供能够使农民工家属在城市长期生活的保障机制。与农民工不同，农民工家属更多是消费型而非生产型群体，对教育、医疗、住房、社会保障等公共服务的需求远高于农民工自身，因此对公共服务的附着载体——城市本地户口的需求也较农民工更为强烈。而如果能够通过落户，使农民工及其家属得到与市民相同的城市公共服务，则必将有效吸引农民工留守家属进城，从而实现农村转移人口结构的顺利转变，使城镇化水平持续快速提升获得新的动力。因此，推进农民工群体落户城镇，是适应农业转移人口由农民工为主向以农民工家属为主转变的内在需要。

（三）落户是促进城市规模体系优化的必要条件

城市规模是影响城市经济效率的重要因素，城市规模体系是否合理在很大程度上决定着城镇化发展模式是否健康。我国城市规模体系的典型特征是，少数特大城市和超大城市人口过度集聚，而人口在 100 万—500 万的大城市数量较少，而人口 100 万以下的中小城市数量过多。城市规模体系呈现一种中间小、两头大的哑铃型模式，这一点可以从图 1 显示的城市规模分布的核密度图看出。研究表明，城市人口在 100 万—400 万左右是最优的城市规模（王小鲁、夏小林，2010），而我国人口规模处于这一水平的大城市

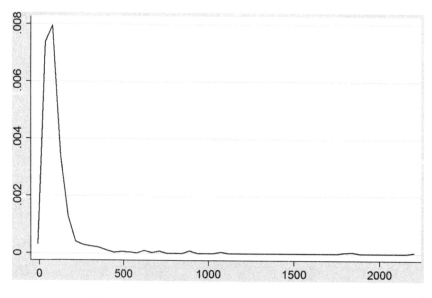

图 1　我国城市规模分布的核密度图（2010 年）

数量过少，人口比重过低，这导致城市经济效率不高，户籍制度则对这一模式的形成起到了重要作用。

目前，户籍管制最严格的城市主要集中在特大和超大城市，同时特大和超大城市也是农民工最集中的地区。人口规模扩大会同时给城市带来规模经济和规模不经济两方面影响，前者主要体现在集聚所产生的共享、匹配和学习效应上，后者主要体现在对公共品使用的拥挤效应上。而户籍制度一个重要的作用就是能够将享受城市的一些排他性公共品的人群控制在户籍人口范围内，也就是能够降低城市因人口集中所带来的规模不经济程度。例如，没有城市本地户籍的农民工不能享受与市民同等的子女教育、医疗卫生、住房保障等公共服务，这无形之中使城市的公共支出成本降低，降低了城市政府公共支出的溢出效应。在大城市务工的农民工所缺失教育、医疗、社保等公共服务，往往会从他们户籍所在的农村和中小城市获得，这相当于使特大和超大城市将人口规模增大的正外部性留在本地，而将负外部性向其他地方转嫁。

农民工的流出地承担了特大和超大城市人口集中的负外部性，实际上是形成了中小城市对大城市持续的补贴，从而进一步拉大了特大和超大城市与其他地区的差距，使特大和超大城市形成吸引人口的洼地。表2显示了从第五次到第六次人口普查期间我国城市规模等级变化情况，人口500万以上的特大和超大城市是人口增长速度最快的地区，即使严控户籍也没有阻挡外来人口的涌入，而已经在很大程度上放开了落户条件的大城市却增长缓慢，中小城市的人口依然较多，城市规模体系的哑铃型模式越发明显。

表2　"五普"到"六普"期间我国城市规模等级变化情况

	2000 年单元数	2010 年单元数	10 年城镇人口增长率（%）	2000 年份额（%）	2010 年份额（%）
<20 万	1746	1481	10.1	26.0	19.5
20 万 -50 万	360	578	61.0	23.8	26.1
50 万 -100 万	92	154	70.3	13.5	15.7
100 万 -200 万	40	43	1.5	12.1	8.3
200 万 -300 万	8	17	98.9	4.5	6.1
300 万 -500 万	9	13	35.4	7.6	7.0
500 万以上	7	14	104.7	12.4	17.2
合计	2262	2300	47.0	100.0	100.0

资料来源：第五次和第六次人口普查数据。

　　因此，要改变农业转移人口向特大和超大城市过度集中的趋势，优化城市规模体系，就需要通过推进农民工在城市落户。一方面通过更大程度降低大城市落户门槛，提高大城市人口占城镇人口比重；另一方面推进特大和超大城市的农民工落户进程，可以将其人口规模大的负外部性内部化，提高城市的公共支出成本，而成本的提高将有利于改变特大城市和超大城市产业和人口集中的趋势，促进人口向二、三线城市疏解，使人口在 100—500 万的大城市的数量比重提高，进而形成更为合理的橄榄形的城市体系。当然，合理的城市规模体系的形成还有赖于一系列体制机制的改革，但推进农民工在城市尤其是人口 500 万以上的特大和超大城市落户，是促进城市规模体系优化的一个必要条件。

（四）落户是推动城乡二元结构演进的重要内涵

我国历来存在城乡二元结构。新中国成立以来，为了快速实现工业化的资本积累，我国建立了一套分割城乡的二元体制，进一步固化了城乡二元结构。直到改革开放之后很长时间，我国的城乡二元结构仍然是一套剥夺农民的制度安排，城镇户籍和农村户籍的福利含金量存在巨大差距。随着改革的推进，粮食供应、劳动就业等福利内容逐渐市场化，开始与户籍脱钩；教育、医疗、社会保障等公共服务的城乡均等化进程也在加快推进，城市户籍相对于农村户籍的含金量已大为降低。同时，随着农业税费的取消、国家大量的反哺资金进入农村以及城镇化进程中土地升值预期的越发明确，拥有农村户口即可拥有土地资源这一福利使很多地方的农村户口甚至已经超过了城镇户口。进一步地，土地所提供的劳动力蓄水池功能，也为农民工进城失败后返乡留下了后路，起到了社会保障的作用。总而言之，当前我国的城乡二元结构已经从过去的剥夺型体制演进成为了一种保护型体制（贺雪峰，2014）。

当前，推进农民工在城镇落户的政策应顺应城乡二元结构的

◇◇◇ **专 家 观 点** ◇◇◇

鼓励农民工返乡创业，是缩小城乡差别、激活农村经济的有力手段。通过一些激励机制，让在外务工的一部分人返乡，具有重要现实意义，将有效实现国家均等化发展。

——中国人民大学农业与农村发展学院副院长　郑风田

这种演进趋势，使在城镇落户的农民工仍然能够保留农村户籍对应的土地承包权、宅地基使用权和集体收益分配权。要避免诸如"土地换户籍"、"三件衣服换五件衣服"这种以保障农民工权益为名、剥夺农民利益为实的做法。新中国成立以来，农民为中国的工业化和城镇化进程作出了巨大贡献。有研究表明，在20世纪后半叶，通过工农业"剪刀差"、提供廉价的土地和劳动力这三种方式，农民为国家建设积累资金超过17.3万亿元（孔祥智、何安华，2009）。因此，当前允许农民工落户城镇享受市民待遇的同时仍然保留农村户籍福利，是对农民过去为国家作出贡献的补偿，是推动剥夺型的城乡二元结构向保护型城乡二元结构演进的重要内涵。

（五）落户是推进公共服务均等化的最终目标

推进城乡和区域之间公共服务的均等化是户籍制度改革的目标，在改革推进过程中，一些地方推出了过渡性改革措施。居住证制度就是在流动人口发展新形势下，为创新流动人口服务和管理制度而实施的一项人口登记管理模式，也是推动实现城镇基本公共服务由户籍人口向常住人口扩展的重要手段。居住证制度具有淡化户籍管理色彩、加强流动人口服务管理、促进城市经济和社会发展等积极意义（谢宝富，2014），将"高门槛、一次性"的户籍改革调整为"低门槛、阶梯式"赋权，为不能在城市落户的农民工提供了获得城市基本公共服务的途径。但是，居住证是一种过渡性的改革措施，对于真正实现农民工和市民在公共服务上的均等化还有一定差距。

首先，居住证的申领条件仍然较高。虽然《居住证条例》规定公民离开常住户口所在地到其他城市居住半年以上，有合法稳定就业、合法稳定住所的就可以申领居住证，但实际上仍然超出很多农民工的自身能力。例如，深圳市将连续居住满十二个月视为合法稳定居所，将参加社保 12 个月或两年累计 18 个月的视为合法稳定工作。而作为一个高流动性、从事非正规就业的群体，农民工很难达到连续居住或连续参加社保的要求，数据显示，城市间高频流动的农民工占到 66.8%，64.7% 的农民工有过二次流动经历（姚俊，2010），2014 年有 62% 的农民工没有签订劳动合同，参加工伤、医疗、养老、失业和生育保险的农民工比例分别只有 26.2%、17.6%、16.7%、10.5%、7.8%。可见，居住证的申领条件对农民工来说，仍然较为苛刻。

其次，居住证所能为持证者带来的公共服务依然有限。由于居住证缺乏有效的管理条件，在管理技术和手段上还比较落后，加之配套制度和措施改革缓慢，居住证持证人所能享受到的公共服务水平与户籍居民仍有较大差距。对郑州居住证持证人的调查表明，认为居住证给他们生活和工作带来便利的比例仅为 30% 左右（王阳，2014）。

最后，居住证管理的不确定性较大。居住证制度实施所依赖的法律《居住证暂行条例》只是原则上规定了持证人应依法享有就业、公共服务、证照办理便利等内容，但具体的实施仍需地方政府落实，这为地方政府提供了较为宽泛的操作空间。居住证持有人在具体的城市福利获取条件上存在反复的可能。相应地，落户则是对城市居民所能享受的全部福利在获取上的一个不可逆过程，一旦获得了户籍，其享受城市福利的权益就受到法律保障。因此，为了实现农民工与市民在城市公共服务上的均等化，不能满足于具有过渡性的居住证制度，而是应该尽快通过推进农民工在城镇落户，实现更为彻底的公共服务均等化。

二、落户为什么要差别化

（一）不区分城市类型的统一落户政策难以实施

我国的城市具有不同的行政级别，城市级层是按照计划经济体制时期的城乡关系确定的，即为了最大限度地汲取农业剩余而形成的城市发展模式。城市是仰仗其触角所及而获得的农业剩余得以发展的，或者说，城市的发展是依赖资源再分配的。改革之后实行的市管县是这种城乡关系的延续，更高行政级别的城市有权力支配其管辖范围内的低行政级别的城市。在市场经济条件下，城市之间的关系应是平等的，大城市不再靠汲取其管辖范围内的其他小城市和农村获得资源再分配，而是通过促进经济发展获得税收实现自我融资。在经济转轨时期，城市的发展模式就是要实现从前一种模式向后一种模式的转变，而在转变过程中将形成一系列过渡模式，即城市发展既依靠自我融资又依靠再分配（蔡昉、都阳，2003）。行政级别越高的城市往往根据依靠再分配获得收益的能力越强，市场经济越发达的城市往往依靠自我融资获得收

益的能力越强，根据两种获得的收益能力强弱的不同组合，可以
将我国城市划分为不同的类型。

第一种类型是既具有较高的行政级别，经济发展水平又高的
城市，如北京、上海、广州、深圳这样的城市。尽管这些城市经
济发展水平很高，依靠税收实现自我融资的能力也很强，但高行
政级别赋予其更强的资源再分配能力，使其能够在更大范围内集
聚资源。第二种类型是行政级别较低但经济发展水平较高的城市，
如东莞、晋江、昆山这些东部发达地区的城市。行政级别较低使
得这些城市无法像第一类城市那样在更大范围内进行资源再分配，
但依靠城市自身的经济繁荣，实现自我融资的能力较强。第三种类
型是行政级别较高但经济发展水平相对较低的城市，如一些中西
部和东北地区的省会城市。由于开放的比较晚，这些城市的市场
化程度落后于东部发达地区，自我融资能力较弱，城市发展在很
大程度上仍然依靠由其较高的行政级别所带来的资源再分配能力，
甚至是以牺牲周边地区城市的发展为代价的。第四类是行政级别
较低且经济发展水平也较为落后的城市，如中西部和东北地区的
非省会城市。这些城市缺乏资源再分配能力，经济发展相对落后

	行政级别由低到高	
资源再分配能力弱、自我融资能力强 如：东莞、晋江、昆山等发达地区城市	资源再分配能力强、自我融资能力强 如：北京、上海、广州、深圳等	
资源再分配能力弱、自我融资能力弱 如：中西部和东北地区的非省会城市	资源再分配能力强、自我融资能力弱 如：中西部和东北地区的省会城市	

经济发展水平由低到高

行政级别由低到高

图2 不同类型的城市

也使得自我融资能力不强。

这四种类型的城市由于融资来源的不同，其对待户籍制度改革的态度也不同。越是依赖资源再分配的城市，往往户籍的福利含金量越大，城市政府就越不愿意放开落户，而是希望控制户籍人口规模来防止公共支出的溢出效应。越是依赖自我融资的城市，其城市福利的市场化程度越高，户籍的福利含金量就越低，就越希望通过放开落户来吸引人口迁入，从而扩大税基。

因此，在不同类型的城市，融资来源的不同也将使得落户政策的实施有所区别。对于北京、上海、广州、深圳等第一类城市，资源再分配能力强导致户籍的福利含金量大，同时自我融资能力强也意味着市场化程度高。这类城市往往倾向于制定积分制落户政策，将能够给城市带来优质税基的高素质人口引入，而将低素质人口排除在户籍福利享受范围之外，避免公共支出溢出。对于东莞、晋江、昆山等第二类城市，资源再分配能力相对较弱使得其城市户籍的含金量低于第一类城市，其城市福利的来源主要是靠扩大税基来实现自我融资，因此对放开落户吸引人口迁入持更为开放的态度，落户门槛更低。对于中西部和东北地区的省会等第三类城市，其城市的融资来源主要是靠再分配，因此同第一类城市一样也害怕放开落户会导致公共支出溢出，这类城市往往将落户范围局限在本地区的农业户籍人口，并倾向于将转户与土地挂钩，从而希望从户籍改革中获得来自土地的收益，扩大自我融资能力。对于中西部和东北地区的非省会等第四类城市，户籍含金量很低，即使完全放开落户也难以吸引外来人口迁入，使得城市的自我融资能力也无法提高，城市发展处于停滞状态。由此可见，不同类型的城市有着截然不同的对待户籍改革的态度，落户政策自然也就难以统一推进。

（二）不区分农民工群体的统一落户政策难以实施

我国的农民工数量巨大，内部结构亦非常复杂。按照留城意愿分，可分为永久性迁移和临时性迁移农民工；按照进城时间分，

★ ★ ★ **精 彩 论 述** ★ ★ ★

今天的农民工群体随着改革开放的进程，已经有了很大变化，再也不是农闲时进城打零工那么简单。除了短期在城市灵活就业以外，一些农民工已经长期居住在城市并有相对固定的工作，只是户口还在农村。还有相当一部分"新生代"农民工，生在城市、长在城市，生活习惯、理念等与城市人一样。解决"新生代"农民工的问题，要有不同办法。

——新华社评论员

可分为存量农民工和增量农民工；按照迁入地区分，可分为本地农民工和外出农民工，其中外出农民工又可分为跨省农民工和省内农民工；按照迁移模式分，可分为举家迁移农民工和单身外出农民工。不同类型的农民工群体，其自身的落户意愿和落户能力均有显著区别，制定落户政策时要加以区别对待。

1. 区分永久性迁移农民工和非永久性迁移农民工

根据中国社科院近日发布的中西部农民向城镇转移意愿分布调查显示，受访者中愿将农村户口转为城镇户口、不想再回农村的比例仅为14.8%，有53.8%的明确表示不愿转户口、目

前只是暂时待在城里，还有 31.4% 的持观望态度，视形势的发展变化而定。可见大多数农民工是临时性迁移，只有少部分人是永久性进城。

利用中国住户收入调查（CHIP）1995、2002 年的数据，以及 2009 年国家统计局的一份针对新生代农民工的调查报告，制作了不同时间点的农村人口（劳动力）和农民工的年龄结构金字塔，如图 3、4、5 所示。

从图 3 可以清楚地看出我国农民工的临时性迁移特征。首先，外出农民工的年龄结构表现出明显的年纪较轻的人多，年纪较大的人少的特征。以代表 2009 年农民工年龄结构的图 3 为例，年龄在 20—30 岁的农民工占据农民工群体中的绝大多数，而在 30 岁之后，

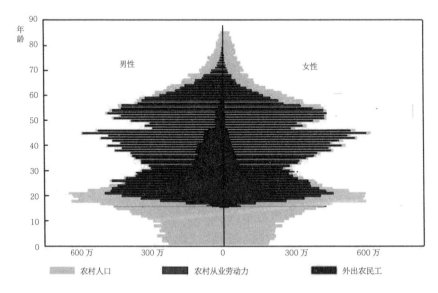

图 3　2009 年农村人口（劳动力）和外出农民工的年龄结构

资料来源：国家统计局报告《新生代农民工的数量、结构和特点》。

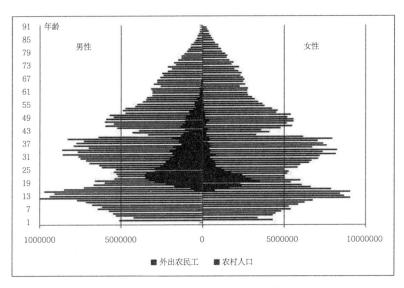

图4 2002 年农村人口和外出农民工的年龄结构

资料来源：2002 年 CHIP 数据、2000 年第五次人口普查数据、2006 年国务院研究室农民工研究报告。

注：外出农民工年龄结构分布是根据 CHIP 样本数据估计得到，农民工数量来自国务院研究室农民工研究报告，农村人口年龄分布是由第五次人口普查数据得到的人口年龄分布向后推算两年得到。

外出农民工开始急剧减少，农村劳动力中的农民工比例开始迅速降低，而女性农民工数量开始减少的年龄甚至更早，也更迅速。这可以从静态意义上说明，农民工年轻时进城，中年后返乡的特征。其次，从动态意义上考虑农民工的年龄结构，图 3 显示 2009 年农民工数量显著减少的年龄约为男性 30 岁、女性 25 岁左右，在这一年龄上的农民工人数比峰值年龄的农民工数量减少了的一半，约为男 150 万、女 100 万左右；再由图 4，农民工数量峰值的年龄恰好约为男性 23 岁左右、女性 18 岁左右，约为男 400 万、女 350 万左右，而 2002 年 23 岁的男性农民工和 18 岁的女性农民工正好是 2009 年 30

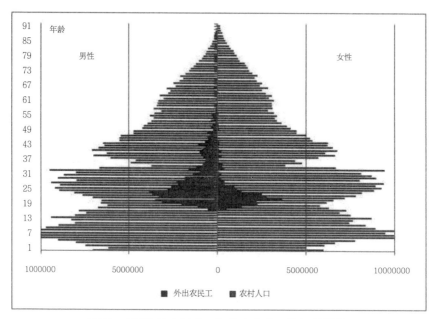

图5 1995年农村人口和外出农民工的年龄结构

资料来源：1995 年 CHIP 数据、1995 年全国 1% 人口抽样调查数据、2006 年国务院研究室农民工研究报告。

注：外出农民工年龄结构分布是根据 CHIP 样本数据估计得到，农民工数量来自国务院研究室农民工研究报告，农村人口数据是由 1995 年全国 1% 人口抽样调查数据计算得到。

岁的男性农民工和 25 岁的女性农民工。也就是说，2002 年时 23 岁的男性农民工和 18 岁的女性农民工，到 2009 年男性农民工达到 30 岁而女性农民工达到 25 岁时，相当大一部分已经返乡。同样，对比 2002 年农民工年龄结构图 4 和 1995 年农民工年龄结构图 5，可以发现类似的规律。这显示出农民工群体年轻时在城市务工、中年后返乡的强烈信号。再次，分性别来看，三个年龄结构图都显示出，女性农民工在 20—25 岁之间的年龄段开始迅速减少，而男性农民工迅速减少的年龄在 30 岁之后，这表明女性农民工返乡的年龄要早于男性。这是由于女性农民工在 20—25 岁这个年龄开始进入婚育阶段，在结婚生子之后往往不再外出，而是在农村老家带孩子。[1]因此，农民工总体数量上表现出单身外出而非举家外出的特征，而单身外出务工是与临时性迁移模式相联系的。

2. 区分存量农民工和增量农民工

在农业转移人口中，有相当一部分人已在城市生活多年，具有合法稳定居所和合法稳定工作，并长期参加城镇社会保险，已经完全融入城市，也是城市不可或缺的组成群体。对于这一部分人群，在城市长期居住的预期较为明确，定居能力较强，应作为进城农民工中的重点落户人群。《国务院关于进一步推进户籍制度改革的意见》中也明确强调，要"认真落实优先解决存量的要求，重点解决进城时间长、就业能力强、可以适应城镇产业转型升级和市场竞争环境的人员落户问题"。而对于刚进城或者从其他城市迁移而来不久的农民工，工作重点则应放在为其提供基本公共服务以及进行职业培训、帮助其增强落户能力和意愿上，使其产生在务工所在城市长期生活的预期。

区分存量和增量农民工实施差别化落户政策，在一些吸纳农民工较多的特大和超大城市尤为重要。将在城市里长期生活的存量农民工纳入户籍人口范围，一方面是对其为所在城市长期作出的贡献进行的认可和回馈，同时也是将城市人口规模大的负外部

---

1. 当然，也有部分女性农民工在进城之后与城市男性居民结婚，获得城市户口，成为市民而脱离农民工群体，但很多研究表明这种情况较少，不能改变研究结论。

性内部化的过程，可以提高特大城市和超大城市长期被压低了的公共支出成本，从而有助于疏解产业和人口，使得特大和超大城市同时实现户籍人口增多而常住人口减少的双重目标。

3. 区分跨省、省内和本地农民工

不同迁移距离的农民工，其落户难度也有所不同。首先，对于农民工来说，迁移距离越远往往所预期的收入和各方面福利待遇就越高，仅仅通过居住证提供其基本公共服务很难满足这一群体的需求，要想使之在城市定居，必须提供户籍所对应的全部公共服务，这无疑给城市政府提出公共支出方面的挑战。其次，对于城市政府来说，由于财政预算中的公共支出是以户籍人口计算的，对从异地迁移而来的农民工往往缺乏公共支出的财政安排。在社会福利筹资高度分权化的情况下，跨省的公共服务和社会保障方面的财政统筹还没有建立，对于外出农民工尤其是跨省农民工来说，从体制上没有对其提供公共服务支出的财政安排，只能靠各地城市的政府根据自身的情况酌情实施，而中央政府的指导意见对具体政策的落实只能起到间接的影响作用。由于外出农民工主要集中于地级以上的大城市，跨省迁移农民工更是集中于少数特大和超大城市，因此规模较大的城市往往在实施落户方面比规模较小的城市有更大的难度。

表3显示了我国近年来跨省、省内和本地农民工的数量和比例分布情况，可以看出，外出农民工和跨省农民工在农民工总量中占据了较大比重。表4显示了不同农民工群体在不同类型城市的分布情况，可以看出，外出和跨省农民工有向规模较大城市集中的倾向。

表3 我国农民工分布及构成情况

	本地农民工（万人）	外出农民工（万人）		本地农民工（%）	外出农民工（%）	
		跨省	省内		跨省	省内
2009	8445	7441	7092	36.8	51.2	48.8
2010	8888	7229	7618	36.7	50.3	49.7
2011	9415	7473	8390	37.2	47.1	52.9
2012	9925	7647	8689	37.8	46.8	53.2
2013	10284	7739	8871	38.2	46.6	53.4
2014	10574	7867	8954	38.6	46.8	53.2
2015	10863	7745	9139	39.2	45.9	64.1

资料来源：农民工调查监测报告。

表4 2015年外出农民工流向分布及构成

	合计	直辖市	省会城市	地级市	小城镇	其他
外出农民工总量（万人）	16884	1460	3811	5919	5621	73
其中：跨省流动	7745	1188	1752	3258	1473	73
省内乡外流动	9139	272	2059	2660	4148	0
外出农民工构成（%）	100.0	8.6	22.6	35.1	33.3	0.4
其中：跨省流动	45.9	7.0	10.4	19.3	8.7	0.4
省内乡外流动	54.1	1.6	12.2	15.8	24.6	0

资料来源：农民工调查监测报告。

　　如前所述，迁移距离越远的农民工，落户难度越大；规模越大的城市，实现农民工落户的难度也越大。我们把不同类型的农民工群体和不同类型的城市的组合列在图6中，可以清晰地看出落户难度变化的情况。Ⅱ型大城市、特大城市、超大城市中的跨省农民工是落户难度最大的，规模较大的Ⅱ型大城市、特大城市、超大城市中省内和本地农民工以及中小城市、Ⅰ型大城市中的跨省农民工的落户难度其次，而中小城市、Ⅰ型大城市中的省内和本地农民工的落户难度最小。由表3和表4可知，外出和跨省农民工有向规模较大城市集中的倾向，也就是说，农民工群体中的落户难点和城市类型中的落户难点是高度重合的。总之，对迁入不同类型城市的不同群体的农民工，在制定落户政策时要区别对待。

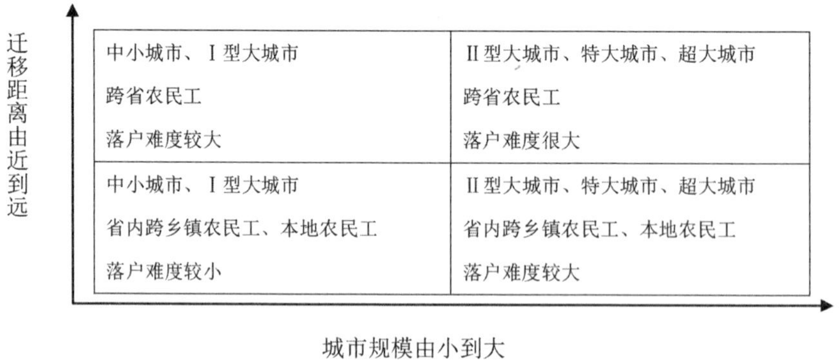

图6 不同类型城市的不同群体农民工的落户难度情况

4. 区分举家迁移农民工和单身外出农民工

目前，我国外出农民工中，举家外出的比例约占20%。相对于单身外出的农民工，举家迁移者在城市长期定居的倾向更为明显，落户意愿也相对较强，是制定落户政策的重点人群。单身外出农民工的流动性较大，具有临时性迁移的特征，落户意愿相对较弱。同时，由于单身外出农民工与家人分离，需要较高的收入和福利补偿才愿意在城市落户，并且随着农村居民收入水平的提高，其保留工资也会提高（纪月清等，2010），城市政府为使其落户所需支付的公共支出成本也较高，落户难度较大。因此，对举家迁移和单身外出的农民工，应制定不同的落户政策，举家迁移者是优先考虑的落户对象。

（三）不区分公共服务的统一落户政策难以实施

一般而言，公共服务作为一种广义的公共品，应该具有非竞争性和非排他性的特征。但是，如果城市人口规模过大，造成对城市公共服务使用上的拥挤，也可能导致公共品表现出"伪公共品"的性质。在我国一些农民工集中的大城市、特大城市和超大城市，非户籍人口在享受城市政府所提供的基本公共服务的过程中，就面临着制度规则的排他性和供给水平的竞争性的双重困境（童光辉、赵海利，2014）。也就是说，由于使用公共服务的人口过多，在城市政府的公共服务供给能力有限时，会产生对有限公共服务的竞争，而城市政府为了避免外来人口对本地居民形成在公共服务上的挤出，倾向于用户籍制度控制的方法，形成对公共服务使用上的排他性，只有户籍人口才能享受城市的公共服务。

从推进农民工市民化的角度，城市政府应该做的无非就是一方面提高公共服务的供给水平，减轻公共服务的竞争性；另一方面破除制度规则的障碍，取消公共服务的排他性。但是，公共服务本身是异质性的，有些公共服务的边际成本高，有些公共服务的流动性强，简单地通过放开农民工落户使之获得所有公共服务的使用权，而不根据公共服务的不同性质出台相应的配套措施，则将使城市公共服务体系陷入混乱。我们把不同类型的公共服务整理在图 7 中，横轴代表公共服务的流动性程度，即公共服务随人口流动而在不同地区间的可转移性；纵轴代表公共服务的边际成本，即新增一个使用者所增加的成本。

流动性低、边际成本高 如：义务教育、高中教育、高考、职业培训、廉租房、公租房、经适房等	流动性高、边际成本高 如：养老保险
流动性低、边际成本低 如：行政审批、权益保护、社会治安、劳动就业服务	流动性高、边际成本低 如：除养老保险之外的其他社会保障

（纵轴）边际成本由低到高

流动性由低到高

图 7　不同类型的公共服务

第一，对于低流动性、低边际成本的公共服务，诸如行政审批、权益保护、社会治安、劳动就业服务等。这类基本公共服务的边际成本主要体现在行政管理的成本方面，相对来说投入较小，同时这类公共服务又是属地化的，流动性较低。因此，对于这类公共服务，农民工迁入城市的地方政府理应承担供给责任，而上级政府则应当以常住人口为基数来制定相关职能部门的人员编制与预算定额，而非以户籍人口为基数。

第二，对于高流动性、低边际成本的公共服务，诸如医疗保险、失业保险、工伤保险、生育保险等除了养老保险之外的社会保险等。这类公共服务相对于教育、住房、养老等来说，边际成本较低，同时会随着人口在不同地区迁徙而相应地转移。因此，对于这类公共服务，仍然应该主要由农民工迁入城市的地方政府来承担供给责任，但与此同时，上级政府特别是中央政府也须为它们在不同地区间的流动提供制度保障。

第三，对于低流动性、高边际成本的公共服务，诸如义务教育、高中教育、就地参加高考、职业技能培训、廉租房、公租房和经适房等。这类公共服务的低流动性体现在它们的属地性上，公共服务的使用是与人口所在城市挂钩的。同时，这些公共服务需要相应的服务设施及专业技术人员来生产和提供，而公共服务设施的建设及维护、专业技术人员的薪酬及培养等方面都需要大量的经费投入。当城市中既有服务设施的承载能力趋于饱和的情况下，外来人口进入所带来的新增需求的边际成本是比较高的，而且需要长期持续的投入。正因为这方面的原因，许多城市不得不设置各种准入条件将绝大部分的城市非户籍人口及其家属排除在这类公共服务的受益范围之外。对此，一方面鉴于当地政府在城市规划、服务设施建设、流动人口管理等方面具有信息优势，再加上公共服务本身的低流动性，城市政府应承担一定的供给责任；另一方面，上级政府尤其是中央政府应与地方政府建立成本分担机制，通过实施将新增市民化人口与中央财政转移支付相挂钩等方式来适当减轻当地政府的财政压力，并通过制度创新（如教育的对口援助）缩小不同地区的公共服务差距，更好地促进公共服务均等化。

第四，对于高流动性、高边际成本的基本公共服务，诸如养老保险等。由于这类公共服务直接与个人权利相挂钩，所以会随着人口迁徙而在不同地区间转移，流动性较强，同时政府还需要为此支付较高的边际成本（现实中是以隐形负债的形式出现）。过去由于我国养老保险的统筹层次比较低，使得流动人口在不同地区间迁徙时不能顺畅地转移接续养老保险关系，自2010年起实施的《城镇企业职工基本养老保险关系转移接续暂行办法》在一定程度上缓解该问题。但与此同时，养老保险的支出责任并没有做出相应的调整，仍以地方政府为责任主体。随着"老龄化"社会的到来，这种由地方政府承担主要支出责任的模式并不具有可持续性。鉴于此，中央政府应该在这类高流动性、高边际成本的公共服务领域承担更大份额的支出责任，而地方政府则承担辅助责任。以养老保险为例，我国急需建立全国统一的养老保险体系，实现全国统筹，同时考虑到各级经济发展水平等方面的差异，在全国统一标准的基础上，允许地方政府根据当地实际情况建立地方性的养老金标准作为补充。

三、如何推进差别化落户

（一）按照城市规模制定差别化落户政策存在缺陷

根据《国务院关于进一步推进户籍制度改革的意见》，实施差别化落户政策的划分标准是城市规模，即全面放开建制镇和小城市落户限制；有序放开中等城市落户限制；合理确定大城市落户条件；严格控制特大城市人口规模。随着人口规模的增大，城市落户对于合法稳定居住、合法稳定就业、参加社保年限和连续居住年限的要求就越来越高。然而，单以城市规模为标准设置的差别化落户政策存在很多问题。

1. 不同特大城市采用相同落户标准存在困难

同样是作为人口 500 万以上的特大城市，城市与城市之间在资源再分配能力和自我融资能力上存在巨大差异。例如，北京作为直辖市和首都，资源再分配能力和自我融资能力都很强；东莞作为一个地级市，资源再分配能力较弱而自我融资能力较强；西安作为中西部欠发达省份的省会城市，资源再分配能力较强而自我融资能力相对较弱。一方面，北京和西安作为资源再分配能力强的城市，户籍含金量较高，倾向于严控户籍人口规模；另一方面，北京和东莞作为自我融资能力强的城市，对外来人口的依赖性较强，也都具有开放的一面。这几类特大城市，显然不适合采用相同的落户标准。

2. 规模小的城市落户标准门槛低于规模大的城市不适用全部实际

在城市体系中，有些特大城市外来农民工并不多，如哈尔滨、沈阳；而一些规模较小的城市，外来人口的比例超过 50%，如嘉善县、晋江市。后者在放开落户之后所面临的公共支出压力要远大于前者，如果仅以全部常住人口数量达到大城市或特大城市标准，就要求其严控城镇户籍，并且以常住人口数量只能达到中等城市或者小城市标准就要求其全面或有序放开落户，显然不符合实际。

3. 忽视农民工群体结构性特征的落户政策难以落实

在外来农民工较多的特大和超大城市中，有些城市的农民工主要是跨省迁移而来的，如上海、深圳；而有些城市的农民工是以省内甚至是本地的农业转移劳动力为主的，如成都、重庆。以省内或本地农民工为主的城市，公共服务的对象基本处于同一个财政统筹单元里，公共支出的溢出效应较小，实现落户相对容易。而对于以跨省农民工为主的城市，其财政预算往往没有针对外来人口的公共支出安排，在福利统筹高度分权化的情况下，实现农民工落户相对较难。对于这两类不同的城市，同一个落户政策显然难以实施。

4. 仅以城市规模作为落户门槛的设置标准容易导致落户政策异化

如前所述，资源再分配能力和自我融资能力均较强的一些特大和超大城市，一方面户籍含金量高，另一方面城市的发展又要依靠外来人口，其在处理外来人口落户问题上时处于矛盾状态。因此，如果仅仅采用简单的积分落户制度，将只会使高学历、高技能、财富多的人获得落户资格，农民工落户政策变成了人才落户政策，落户者不是农民工而是外来的城镇居民，落户政策异化。同时，《意见》提出"建立财政转移支付同农业转移人口市民化挂钩机制"，如果在财政转移支付制度设计上过分强调与户籍制度的匹配，那么很可能会鼓励一些地方政府将大量农业户口集中转为城镇户口而冒领或骗取国家财政转移支付资金，这类问题更容易产生于一些大城市大农村地区，即城镇化水平相对较低地区的特大和超大城市，其后果将可能导致进城落户的农民长期处于失业状态，而真正的跨省跨地区迁移来的农民工仍无法落户，鼓励落户的政策异化为土地的快速城镇化。

5. 城市规模的确定存在技术困难

根据《意见》对于调整户口迁移政策的要求，城市人口规模是以"城区人口"数量来表述的，即城区人口为 50 万—100 万的中等城市、100 万—300 万和 300 万—500 万的大城市，以及 500 万以上特大城市。从实际操作上看，城市人口规模按什么标准确定，存在着技术性的困难。统计数据显示，各类城市市辖区人口、户籍人口、城镇人口普遍相差较大，对于个别城市来说，如深圳、东莞等城市，城镇即常住人口数量分别是市辖区人口数量的 3.7 倍和 4.4 倍，其流动人口数量远远超过户籍人口和市辖区人口数量，如果按市辖区人口数量划分，这两个城市均为大城市，而如果按常住人口数量划分，则均为特大城市。那么，以此为标准制定的落户条件就会有很大差别，进而会直接影响改革的进度和实施效果（侯力，2014）。

（二）按照农民工群体制定差别化落户政策

1. 农民工群体地域类型划分方案

鉴于按照城市规模制定差别化落户政策所存在的缺陷，推进农民工差别化落户，应采用更为合理的分类方案。综合前文所述的城市差异、农民工群体差异和公共服务差异，结合不同的地域类型，将农民工群体类型进行重新划分，如表 5 所示。

首先，将全国 339 个地级以上城市，按照吸纳农民工总量的规模划分为农民工聚集区和非农民工聚集区。其中，农民工聚集区城市是指全市农民工超过 55 万的地级城市，根据第六次人口普

表5　农民工群体地域类型划分方案

类型			名单	个数（个）	占全国农民工的比重（%）
农民工聚集地区	跨省农民工聚集地区（27）	北上广深	北京（90.54%）、上海（92.41%）、深圳（73.97%）、广州（63.85%）	4	15.2
		其他城市	东莞（83.35%）、苏州（71.35%）、南京（48.74%）、温州（70.97%）、杭州（64.50%）、宁波（76.56%）、无锡（61.81%）、金华（70.72%）、台州（74.76%）、绍兴（65.06%）、嘉兴（81.32%）、南通（40.34%）、常州（48.31%）、佛山（69.99%）、中山（79.51%）、惠州（63.39%）、江门（51.69%）、厦门（53.50%）、泉州（61.54%）、福州（41.75%）、天津（83.85%）、大连（55.28%）、乌鲁木齐（69.13%）	22	25.3
		合计		27	44.4
	省内农民工聚集地区（24）	直辖市、省会城市和副省级城市	重庆（20.36%）、成都（12.34%）、武汉（18.91%）、郑州（9.98%）、长沙（12.67%）、合肥（10.28%）、南昌（16.29%）、太原（28.16%）、石家庄（17.33%）、济南（18.44%）、青岛（29.98%）、沈阳（36.37%）、哈尔滨（13.83%）、长春（18.35%）、昆明（27.33%）、南宁（13.56%）、贵阳（22.04%）、呼和浩特（14.24%）、西安（32.52%）	19	13.8
		其他城市	烟台（25.01%）、保定（20.40%）、包头（22.19%）、榆林（8.89%）、鄂尔多斯（39.85%）	5	2.4
		合计		24	16.2
	合计			51	60.6
非农民工聚集地区			略	288	39.4

注：（1）农民工集聚地区指全市农民工超过55万人以上的地区，也是迁移人口累计

占比前 60% 的地区。

(2) 跨省农民工集聚地区指跨省农民工占比超过 40% 的地区，分为北上广深和其他地区。

(3) 省内农民工集聚地区指省内农民工占比超过 60% 的地区，主要包括省会城市（直辖市、副省级城市）和其他地区，其中兰州、西宁、银川、拉萨不包含在此范围。

(4) 城市括号后的数字指跨省农民工占比。

查数据，共有 57 个城市，这 57 个城市所吸纳的农民工数量占据全部迁移人口的 60%。农民工非聚集区城市是指全市农民工数量低于 55 万的地级城市，是全部地级城市中除 57 个农民工聚集区城市之外的城市。这一划分将农民工最为集中的地区筛选了出来，由于这些城市吸纳农民工较多，也是市场经济较为发达的地区，因而城市财政的自我融资能力较强，反过来城市发展也对农民工有较强的依赖。

其次，在农民工聚集区内，进一步划分跨省农民工聚集区和省内农民工聚集区。跨省农民工聚集区城市是指跨省农民工在城市农民工占比超过 40% 的城市，共 27 个；省内农民工聚集区是指跨省农民工在城市农民工占比低于 40% 的城市，共 24 个。这一划分将不同迁移距离的农民工区分开来。由于涉及福利统筹分权化条件下公共支出的溢出效应，跨省农民工较多的城市，实现落户的难度较大，而省内农民工聚集区的城市，实现农民工落户的难度相对较小。

最后，在跨省农民工聚集区内，进一步将北京、上海、广州、深圳四个一线城市划分出来；在省内农民工聚集区，进一步将直辖市、省会城市和副省级计划单列市划分出来。这一划分将跨省农民工聚集区和省内农民工聚集区中较高行政级别的城市划分出来，这些城市因其较高的行政级别，在城市体系中地位特殊，资源再分配能力强，因而户籍的含金量较高。相对地，跨省农民工聚集区和省内农民工集聚区中的其他城市，由于行政级别相对较低，资源再分配能力相对较弱，户籍含金量比前者城市略低，对待落户的态度也相对较为开放。

2. 按农民工群体地域类型实施差别化落户政策的优点

（1）重点突出

本划分方案将重点研究对象集中在农民工聚集区，也就是吸纳农民工达55万以上的地级以上城市。这57个城市是经济较为发达的城市，同时也是规模比较大的城市，吸纳了全国60%的外出农民工。而另外的288个城市仅吸纳了40%的外出农民工，根据二八原则，如果能够解决这57个农民工聚集区城市的农民工落户问题，就基本解决了全国的农民工落户问题。

（2）对象明确

对于农民工聚集区内的57个城市，进一步划分为跨省农民工聚集区和省内农民工聚集区，在此基础上，又分别划分为行政级别较高的和行政级别较低的两类。如前所述，跨省农民工和省内农民工落户的难度不同，体现在公共服务的资金来源不同上，而公共服务的资金来源又取决于城市财政的来源渠道，行政级别较高的城市越依靠资源再分配，经济发展水平越高的城市越依靠自我融资。因此，这种划分方法按照农民工群体和所在城市的类型将农民工聚集区城市细分为四类，每一类农民工落户的筹资难度

和所在城市的融资模式均有所不同，从而有利于制定针对性明确的差别化政策。（见图8）

迁移距离由近到远

农民工群体：跨省农民工聚集区 其他城市：27个	农民工群体：跨省农民工聚集区 城市类型：北、上、广、深
农民工群体：省内农民工聚集区 其他城市：5个	农民工群体：省内农民工聚集区 直辖市、省会和副省级城市19个

城市行政级别由低到高

图8　农民工聚集区群体类型和城市类型分类图

（3）政策精准

根据上述原则划分出来的不同类型农民工群体，还需进一步明确使其落户最大的难点在哪儿，也就是最亟待解决的公共服务是什么。

对于跨省农民工聚集区中的北上广深四个城市，由于其经济发展水平较高，同时城市的行政级别较高，自我融资和资源再分配能力均较强，这类城市的户籍高含金量主要体现在优质教育资源，以及高房价下住房保障的高价值，也就是说，落户需要重点解决的问题是低流动性、高边际成本的公共服务供给。这一方面需要地方政府自身承担一部分公共支出责任，另一方面，为了补偿这些城市为跨省农民工提供公共服务的溢出效应，需要中央政府通过转移支付建立起与地方政府的公共服务成本分担机制。

对于跨省农民工聚集区中的其他城市，由于其经济发展水平较高，自我融资能力强，而由于城市的行政级别相对于北上广深较低，资源再分配能力软弱从而城市的户籍含金量上也相对北上

★★★ 精 彩 论 述 ★★★

让落户的农民工平等享有基本公共服务，是他们成为"新市民"的重要体现。作为让农民工融入城市生活的关键，基础性的工作一定要做好、做到位。在综合考量城市发展水平的前提下，有能力开展的工作要先期做好准备、理顺环节，要让符合条件的农民工能够顺利地享有基本公共服务。

——新华社评论员

广深较少，因此教育、住房保障等公共服务的供给压力相对较轻。更为重点的公共服务供给任务应该是理应全国统筹为实际上分权化了的公共服务，即以养老保险为主的高流动性、高边际成本的公共服务。对此，中央政府应该在这一领域承担更大份额的支出责任，而地方政府则承担辅助责任。

对于省内农民工聚集区中的直辖市、省会城市和副省级城市，由于这些城市集中的农民工主要是以省内甚至是本地的农民工为主，在财政预算上是基本对称的，或者说这些城市解决省内尤其是本地农民工的落户问题是情理之中的，而这些城市较高行政级别也赋予了其较强的资源再分配能力，使得这些城市提供农民工市民化的教育、住房、养老等公共服务不存在太大的问题。因此，相对来说，这些城市的政府重点要解决的应是农民工的除养老保险外的其他社会保障问题，同时上级政府也应为此提供在不同地区转移接续的制度保障。

对于省内农民工聚集区中的其他城市，相对前几类城市，一方面户籍含金量较低，一方面跨省农民工较少，因而实现农民工落户真正的筹资压力并不大。这类城市的政府需要重点解决的公共服务问题应是一些低流动性、低边际成本的公共服务，诸如行政审批、权益保护、社会治安、劳动就业服务等。由于这些城市也是经济较为发达的大城市，提供这些属地化公共服务所需的行政管理成本，完全可以由地方政府自己解决。

（邹一南　中共中央党校经济学部讲师）

⑨ 如何推进精准扶贫？

全力推进精准扶贫工作，探索精准扶贫的有效路径，不仅要学习国际经验、直面当前精准扶贫存在的问题，更要在扶贫思路、机制、体制、政策和措施上做出重大创新。

改革开放 30 多年来，中国已经成为世界上减贫人口最多的国家，也是世界上率先完成联合国千年发展目标的国家，使 7 亿多人摆脱了贫困，对世界减贫的贡献率超过 70%。这个成就，足以载入人类社会发展史册。其中，"十二五"时期特别是党的十八大以来，我国扶贫攻坚的成效尤为显著，交出了一份令世人惊叹的"中国答卷"。如，2013 年，我国减少贫困人口 1650 万，2014年又减少 1232 万人，2015 年减贫 1442 万人，连续三年完成了减贫 1000 万人以上的目标任务。但是，由于历史、区域发展等多方面原因，按照现有标准，全国仍有 5575 万贫困人口尚待脱贫，更加严峻的是这些贫困人口主要分布在革命老区、民族地区、边疆地区和连片特困地区，基础条件差，开发成本高，脱贫难度相当大。

扶持　　　　　新华社发　程硕　作

为此，党中央高度重视扶贫开发工作，习近平总书记多次深入贫困地区调研，就扶贫开发工作发表了一系列重要讲话，深刻阐明了新时期我国扶贫开发的重大理论和实际问题，形成了新时期我国扶贫开发战略思想。"小康不小康，关键看老乡"，这是习近平总书记谈到小康问题最关键的一句话。"十三五"时期是我们确定的全面建成小康社会的时间节点，全面建成小康社会最艰巨最繁重的任务在农村，特别是在贫困地区。中国扶贫开发已进入到了啃硬骨头、攻坚拔寨的冲刺期，全力推进精准扶贫工作，探索精准扶贫的有效路径，需要集全党全社会智慧，在扶贫思路、机制、体制、政策和措施上做出重大创新。

一、理论基础：贫困的定义、标准及反贫困理论

（一）贫困的定义与标准

学界对贫困定义的探讨由来已久。如果从英国的布什（Booth）和朗特里（Rowntree）的早期著作算起，迄今已经有100年左右的历史了。在此期间，不计其数的专家学者从不同的角度给"贫困"下了不计其数的定义。但就一般意义而言，贫困不外乎两个方面。从狭义上讲，贫困是经济意义上的贫困，是指难以将生活维持在最低水平的状况。广义贫困除包括经济意义上的贫困以外，还包括社会、发展、文化、环境等方面的因素，如人口寿命、营养、教育、医疗、生存环境及失业等方面的状况。如英国学者西勃海姆（1898）从家庭消费的视角提出对贫困的定义：衡量家庭是否处于贫困状态的指标，就是其家庭的总收入能否维持必备物质生活的需要，如果不能，则说明该家庭处于贫困状态。罗伯特·麦克纳马拉（1975）认为：由于受营养不良、文盲、疾病、婴儿死亡率以及预期寿命等指标的严重影响，从而让受害者在出生时所拥有的基因潜力不

能得到充分发挥，让其处于生存边缘生活的一种状态就是绝对贫困。1998 年诺贝尔经济学奖获得者阿玛蒂亚·森，首次使用权利方法来定义贫困，他认为：贫困的真正含义是贫困人口创造收入能力和机会的贫困；贫困意味着贫困人口缺少获取和享有正常生活的能力。到 20 世纪 90 年代后，贫困概念又有新的进展。新罗伯特·坎勃认为，贫困不仅仅是收入和支出水平以及发展能力低下，而且还包括脆弱性、无话语权和无权无势等。就目前来看，众多学者都一致认为，贫困的内涵已经超越了收入范围，即贫困不仅仅指收入低下，而且包括能力缺乏、社会排斥、健康状况差、缺乏医疗保健、缺少机会和权利等。

1990 年，世界银行在《1990 年世界发展报告》提出了传统的贫困概念："缺少达到最低生活水准的能力就是贫困。"我国国家统计局在《中国城镇居民贫困问题研究》和《中国农村贫困标准》课题中，提出的贫困概念是："贫困一般是物质生活困难，即个人或一个家庭的生活水平达不到一种社会可接受的最低标准，他们缺乏某些必要的生活资料和服务，生活处于艰难境地。"

由此可见，贫困是一个十分复杂的问题，按照经济学的一般理论，贫困是经济、社会、文化贫困落后现象的总称。但首先是指经济范畴的贫困，即物质生活贫困，可定义为一个人或一个家庭的生活水平达不到一种社会可以接受的最低标准。贫困的存在有着历史与现实的双重原因，因而，贫困又是一个历史性的范畴。

贫困标准，又叫贫困线，是指在一定的时间、空间和社会发展阶段的条件下，维持人们基本生活所必需消费的商品和劳务的最低费用。对贫困线主要存在三种理解：（1）满足人类最基本的生存所需的费用，即所谓的绝对贫困线。此为多数学者研究时所用。（2）根据标准高低的不同可将贫困线划分为绝对贫困线和相对贫困线。绝对贫困线即是第一种理解，又称作生存贫困线，在这个线下不能满足人的基本生存需要。对相对贫困线的理解又有两种：一种是其收入水平能维持的生活水平低于所在国家或地区平均水平一定的比例；二是基本解决温饱，能维持基本的生活标准，但没有剩余的收入用于扩大再生产，或抵御风险的能力很弱，难以进一步将生活标准提高到社会公认的水准。（3）也有学者将贫困归纳绝对贫困、基本贫困、相对贫困三类，对应的也有生存线、温饱线、发展线三条贫困线。满足最起码的生理需要的费用是生存线，接近绝对贫困线；满足最基本的生活需求的费用是温饱线；达到基本上能自给有余的费用是发展线。三者的关系是生存线＜温饱线＜发展线。

世界银行 2015 年 10 月初宣布，按照购买力平价计算，将国际贫困线标准从此前的每人每天生活支出 1.25 美元上调至 1.9 美元。此次大幅上调意味着全球贫困人口数量大量增加。2011 年 11

名词解释 >>>>

购买力平价

购买力平价（Purchasing Power Parity），简称 PPP，由瑞典经济学家古斯塔夫·卡塞尔提出。在经济学上，是一种根据各国不同的价格水平计算出来的货币之间的等值系数，以对各国的国内生产总值进行合理比较。

月 29 日，中央扶贫开发工作会议在北京召开，中央决定将农民人均纯收入 2300 元（2010 年不变价）作为新的国家扶贫标准，这个标准比 2009 年提高了 92%，比 2010 年提高了 80%。按照当时汇率计算，中国新的国家扶贫标准大致相当于每日 1 美元。按此标准，当前我国贫困人口数量为 7017 万人。

（二）反贫困基本理论

反贫困一直以来都得到了国际社会广泛关注。国内外众多专家和学者对反贫困问题进行了不懈的探讨与研究，并取得了丰富的理论成果。

1."涓滴效应"理论

总的来说，在战后相当长一段时期内，曾经在指导广大发展中国家的反贫困实践中居于主导地位的理论主要是"涓滴效应"反贫困理论。二战以后，一些发展经济学家通过对早期发达国家的增长问题和当时世界贫困国家概况的研究获得了两个发现，第一个发现是：经济发展初期不可避免地存在贫富分化和不平等；第二个发现是：社会贫困与经济增长水平密切相关，经济增长是减少贫困的强大力量。对于发展中国家的经济发展与反贫困，一些国际主流发展机构认为，通过经济结构的重构（即建立市场经济）和加快经济发展，不断做大经济这块蛋糕，贫困问题就会通过经济的"渗漏"得到解决。正是在这几方面的综合作用下，战后在有关经济增长与减贫关系的广泛讨论和研究之中，最具代表性的"涓滴效应"反贫困理论就此诞生了。

涓滴，很少的意思。"涓滴效应"又译作渗漏效应、滴漏效应。最初是由美国著名发展经济学家赫希曼在《不发达国家中的投资政策与"二元性"》一文中提出的，认为增长极对区域经济发展将会产生不利和有利的影响，分别为"极化效应"和"涓滴效应"。在经济发展初期阶段，有利于发达地区经济增长的极化效应居主导地位，会扩大区域经济发展差异。而从长期来看，发达地区对不发达地区带来的投资和就业等发展机会的"涓滴效应"将缩小区域经济发展差异。后来这一研究也由区域经济领域延伸至贫困领域，即"在经济发展过程中并不给予贫困阶层、弱势群体或贫困地区特别的优待，而是由优先发展起来的群体或地区通过消费、就业等方面惠及贫困阶层或地区，带动其发展和富裕"。虽然"涓滴效应"也承认，在经济增长的过程中，穷人只是间接地从中获得较小份额的收益，但随着经济不断增长，收益从上而下如水之"涓滴"不断渗透，形成水涨船高的局面，从而自动改善收入分配状况，贫困发生率也将不断减少，最终实现减缓乃至消除贫困的目的，实现共同富裕。

2."赋权"理论

"赋权"理论指"赋予权利、使有能力"。"赋权"理论是在"涓滴"效应反贫困理论在实践中的负面效应日益显现的背景下产生的。"赋权"反贫困理论源于阿马蒂亚·森1981年出版的《贫困与饥荒》一书，森通过对饥荒的系统分析发现，在实际生活中一些最严重的饥荒发生，"只是因为他们未能获得充分的食物权利的结果，并不直接涉及物质的食物供给问题"，即"一个人支配粮食的能力或他支配任何一种他希望获得或拥有东西的能力，都取决于他在社会中的所有权和使用权的权利关系"，即使粮食生产不发生变化，权利关系的变化也有可能引发严重的贫困和饥荒。森以权力这一独特的视角对贫困产生原因所作的开创性研究，成为贫困理论发展的一个里程碑。尤努斯在他的自传《穷人的银行家》中说："如果我们把给别人的相同或相似的机会给予穷人的话，他们是能够使自己摆脱贫困的。穷人本身能够创造一个没有贫困的世界，我们必须去做的只是解开我们加在他们身上的枷锁。"

要实现保护他们的权利目的，只能通过对相应的制度安排，建立一套社会体制，通过赋权，保障贫困者能够获得基本生活需要、教育和医疗卫生的权利。由此可见，超越经济层面而从权利层面上向穷人"赋权"构成了"赋权"反贫困理论的核心。"赋权"反贫困理论在实践中的可取之处主要在于：一方面，它通过贫困人口的参与和意见表达，为政府和其他外部力量了解贫困人口的需求并提供有针对性的服务提供了有效机制；另一方面，它通过"赋权"予贫困人口平等参与，给了贫困人口"在干中学"的机会，因而有助于提升贫困人口的能力，同时有助于增强贫困人口在扶贫项目的主人翁意识，发挥他们的主动性和创造性。

3. "人力资本"理论

"人力资本"理论最早是由舒尔茨在 20 世纪 60 年代提出的。他突破了传统理论中资本只是物质资本的束缚，将资本划分为人力资本和物质资本，开辟了人类关于人的生产能力分析的新思路，并很快被引入到社会领域中的贫困问题研究中。人力资本理论认为贫穷的国家和个人之所以落后贫困，其根本原因不在于物质资本的短缺，而在于人力资本的匮乏，是缺乏健康、专业知识和技能、劳动力自由流动以及教育等高质量人力资本投资的结果。因此，解决贫困和失业的根本之道是提高个人的能力。而贫困者能力的缺失又大多源于他们的人力资本的缺乏。贫困人口的人力资本不足，使得他们没有足够的"能力"去追逐生存和发展的机会，进而被社会排斥，处于社会的最底层，过着贫困的生活。因此，对贫困人口进行人力资本投资，提升他们的可行能力就成为推进反贫困战略的理性选择。

4."收入再分配"理论

随着社会经济的发展，越来越多的经济学家或社会学家认为贫困的原因不仅仅是个人造成的，还包括国家或社会的因素，因此国家或社会对于贫困人口也应承担一部分责任。福利经济学的兴起为这种观点提供了直接的理论基础。英国经济学家庇古在其1920年出版的《福利经济学》中系统论述了福利经济学理论，他指出"在很大程度上，影响经济福利的是：第一，国民收入的多少；第二，国民收入在社会成员中的分配情况"。进而在此基础上提出了增进普遍福利的路径，一是通过增加国民收入来增进普遍福利。由于促使国民收入增长的关键是要合理地配置生产要素，而生产要素中最主要的就是劳动力，为了使劳动力合理配置，就必须给劳动者适当的劳动条件，改善他们的生活福利，使他们在失业、伤残、患病、年老时，能得到适当的物质帮助和社会服务。二是通过国民收入的再分配来增进普遍福利。基于边际效用递减规律，认为在不减少国民收入总量的前提下，通过税收把收入从相对富裕的人转移给相对贫穷的人，可以增进整个社会的福利，并对如何具体实现收入再分配提出了自愿转移和强制转移的政策建议。自愿转移是富人自愿拿出一部分收入为穷人举办一些教育、保健等福利慈善事业，或科学和文化机构。而强制转移主要指通过政府征收累进所得税和遗产税。对于向穷人转移收入，他认为也可通过两条途径：一种是直接转移，例如举办一些社会保险或社会服务设施；另一种是间接转移，例如对穷人生活必需品提供补贴，为失业工人提供培训，向穷人孩子提供教育机会等。因此许多学者认为福利经济学理论确立了社会保障制度的公平化原则，是西方福利国家的理论基础之一。福利经济学首次将穷人的福利问题与国家干预收入分配问题结合起来，主张通过国家干预收入分配来增加穷人社会福利的这一思想，成为"收入反贫困理论"的直接来源和理论依据。

二、政策演变：从扶贫攻坚到精准扶贫

改革开放以来，我国逐步由社会主义计划经济体制过渡到市场经济体制，我国政府在致力于经济社会全面发展的进程中，根据实际情况制定了一系列扶贫政策。我国的扶贫政策，大体上分为五个阶段：1978—1985 年的农村体制改革扶贫、1986—1993 年的国家大规模开发式扶贫、1994—2000 年的国家八七扶贫攻坚计划、2001—2010 年的新世纪农村扶贫开发计划以及当前的精准扶贫阶段。

（一）1978—1985 年的农村体制改革扶贫

根据 1986—2003 年版的《中国统计年鉴》《中国农村贫困监测报告》，按照当年价现行农村贫困标准衡量，1978 年农村居民贫困发生率为 97.5%，农村贫困人口规模 7.7 亿。从多方面致贫原因看，导致这一阶段大面积贫困的主要原因是人民公社的集体制不适应农村生产力的发展。因此，要有效缓解贫困必须变革制度。

首先是以家庭联产承包责任制为核心的土地制度改革。这种使农民获得土地经营权的变革高度地激发了农民的生产积极性，彻底解决了长期农业生产上激励不足的难题，极大地解放了农村的生产力，促进了农业生产力的发展，粮食总产量从 1978 年的 6095 亿斤，增至 1984 年的 8146 亿斤。

其次，政府对农村生产、分配以及收购也进行了大的变革，市场逐步解禁，对政府农产品的收购价格进行调整，同时，政府还松动人口流动的限制、促进农村劳动力非农化转移以及发展乡镇企业。这一时期的体制改革成了中国农村扶贫的主要推动力，推动了农村经济增长，极大缓解了农村贫困现象。

（二）1986—1993 年的大规模有针对性的开发式扶贫

在 20 世纪 80 年代中期，农村地区特别是老少边远地区的经济、社会和文化发展水平开始较大落后于沿海发达地区。因此，这一时期，这些地区的发展成为"需要特殊对待的政策问题"。鉴于此，1986 年，国务院扶贫和开发领导小组正式成立，致力于协调大型的农村扶贫计划。与此同时，大部分贫困省、市、县也相应成立扶贫领导小组，进而全力推进农村扶贫。自此，我国农村扶贫开始转入有计划、有组织的大规模开发式扶贫——确定开发式扶贫方针、成立专门扶贫机构、制定专门优惠政策、安排专项扶贫资金、核定贫困县、目标瞄准特定地区和人群等。我国的扶贫工作也由此跨入新台阶。

（三）1994—2000 年的国家八七扶贫攻坚计划

随着农村改革的深入和国家扶贫开发力度的不断加大，我国农村贫困人口数量上在逐年减少。但是，由于贫困问题的长期性和复杂性，新的贫困特征也随之出现，主要表现为贫困发生率明显倾斜于中西部地区（深山区、石山区、荒漠区、高寒山区、黄土高原区、水库库区等），且这些地带多位于革命老区或少数民族聚居区，而这些地区自然条件恶劣、基础设施薄弱和社会发育落后等原因致使扶贫工作难度更大。为实现共同富裕，1994 年 3 月国务院公布实施《国家八七扶贫攻坚计划》，并把其当作未来 7 年扶贫开发工作的纲领：一是重新确立国家级贫困县；二是强化扶贫资金、项目进村入户；三是动员全社会力量参与扶贫攻坚；四是加强领导，落实扶贫目标责任制 。

（四）2001—2010 年的新世纪扶贫计划

在《国家八七扶贫攻坚计划》完成之后，我国政府实施了新的扶贫计划——《中国农村扶贫开发纲要（2001—2010 年）》。在 20 世纪 90 年代末，中国农村贫困人口规模进一步缩小并集中于西部地区。但是，西部的剩余贫困人口相对分散于不同村庄而非集中于贫困县。如果继续以贫困县为扶贫开发的主要单位，则有将近一半的农村贫困人口不能享受到政府的扶贫资源。因此，2001 年中央政府颁布了《中国农村扶贫开发纲要（2001—2010 年）》，重新调整扶贫工作重点县，进一步将中央扶贫重点放在西部集中连片地区，贫困县依然保留，贫困村成为扶贫的瞄准对象。同时，扶贫资金的投放将覆盖到非贫困县中的贫困村。相较于以往的扶贫计划，新的扶贫纲要更加注重贫困地区的科教文卫事业的发展，强调人力资本的投资，建立贫困者参与式扶贫、以村为基本单位的综合开发和整村推进扶贫模式，为贫困地区贫困人口达到小康水平创造条件。

（五）精准扶贫阶段

"精准扶贫"的重要思想最早是在 2013 年 11 月，习总书记到湖南湘西考察时首次提出的。2014 年 1 月，中央详细规制了精准扶贫工作模式的顶层设计，推动了"精准扶贫"思想落地。2014 年 3 月，习总书记参加两会代表团审议时强调，要实施精准扶贫，瞄准扶贫对象，进行重点施策。进一步阐释了精准扶贫理念。2015 年 6 月，习总书记在贵州就加大推进扶贫开发工作全面阐述了"精准扶贫"概念，提出"六个精准"，即"扶贫对象精准、项目安排精准、资金使用精准、措施到户精准、因村派人精准、脱贫成效精准"。2015 年 10 月 16 日，习总书记在 2015 减贫与发展高层论坛上强调，中国扶贫攻坚工作实施精准扶贫方略，增加扶贫投入，出台优惠政策措施，坚持中国制度优势，注重六个精准，坚持分类施策，因人因地施策，因贫困原因施策，因贫困类型施策，通过扶持生产和就业发展一批，通过易地搬迁安置一批，通过生态保护脱贫一批，通过教育扶贫脱贫一批，通过低保政策兜底一批，广泛动员全社会力量参与扶贫。习近平指出，扶贫开发工作已进入"啃硬骨头、攻坚拔寨"的冲刺期。各级党委和政府必须增强紧迫感和主动性，在扶贫攻坚上进一步理清思路、强化责任，采取力度更大、针对性更强、作用更直接、效果更可持续的措施，特别要在精准扶贫、精准脱贫上下更大功夫。《国民经济与社会发展第十三个五年规划纲要》，把中央关于脱贫攻坚的决策部署变为国家意志，变为可操作的规划。"十三五"脱贫攻坚的总体目标是：实现"两不愁三保障"，做到"一高于一接近"，兑现"两个确保"。具体说就是："到2020年，稳定实现农村贫困人口不愁吃、不愁穿，义务教育、基本医疗和住房安全有保障。实现贫困地区农民人均可支配收入增长幅度高于全国平均水平，基本公共服务主要领域指标接近全国平均水平。确保我国现行标准下农村贫困人口实现脱贫，贫困县全部摘帽，解决区域性整体贫困。"

◇◇◇ 专家观点 ◇◇◇

　　我国扶贫管理机构也已着手建立精准扶贫的相关机制，即通过开展到村到户的贫困状况调查和建档立卡等工作，识别贫困人口，深入分析致贫原因，逐户制定针对性帮扶措施。并以此为基础建立全国农村扶贫信息系统，对贫困人口实行动态管理，对扶贫资金建立完善严格的管理制度，确保扶真贫、真扶贫。

——中国财政学会绩效管理委员会执行秘书长　李全

三、国际经验：借鉴与评述

（一）孟加拉国的小额信贷扶贫模式

孟加拉国以尤努斯教授为首探索出一种独特的扶贫方式，即小额信贷扶贫模式。该模式始于 1976 年尤努斯教授发起的"乡村银行"研究实验项目。该项目的目标是探索穷人进入农村金融体系的途径，基于三个前提：一是金融无界，不排斥穷人；二是任何贷款都具有初始信任；三是相信穷人的生存技能。该实验试图证明，假设穷人在适当时间和适当条件能获得一定的金融支持，他们一定可以自主开展营利性活动而不需要其他援助。

孟加拉小额贷款的成功经验主要为：一是成功的风险控制使小额信贷成为可能；二是"小组 + 中心 + 银行工作人员"的信贷制度在一定程度上解决了信息不对称的问题；三是高利率政策保证了小额贷款银行的盈利和可持续发展，孟加拉小额贷款银行根据市场情况自行制定利率，利率水平较高，一般年复利在 10% 左右；四是完善的用工制度有助于提高乡村银行员工的整体素质；五是与政府建立良好关系，政府采取有效的政策措施促进其健康、有序发展。

（二）韩国的人力资本投资扶贫模式

20 世纪 60 年代，韩国仍是个落后的农业国家，20 世纪 70 年代初，韩国工业发展迅速，经济发展成效显著，但农村依然十分落后，多数农民极度贫困。为了增加农民收入，提高农民素质和农民就业率，韩国政府开展了著名的"新村运动"，实行对农民的教育和引导工作，即对农村人力资本投资，逐渐地形成了有韩国特色的人力资本投资扶贫模式，主要措施为：（1）政府实施高投入的教育财政制度，不断加大对农村贫困地区教育的财政投入，保障教育工作持续发展；（2）政府设置专门的机构，推动农村人力资源开发；（3）高度重视对农民的思想教育，始终坚持教育先行的核心理念，提高农民道德水平，主要培养农民勤劳、自主和自立的精神。

（三）美国的福利政策扶贫模式

美国虽然为世界上经济最发达的国家，但其贫困问题也始终与之相伴。美国的贫困问题具有以下几个特征：以种族来看，非裔美国人贫困数最多；从年龄来看，青年和未成年人明显高于其他年龄层；从家庭构成看，家庭成员越多贫困率越高，女性单亲家庭贫困率同样居高不下；从地理位置上看，南方地区贫困率较其他地方略高；贫富差距悬殊。美国贫困产生的原因主要有历史因素和制度因素等。美国福利政策扶贫的特点：一是在整个反贫困行动中，以对贫困人口直接财政补贴的物质救援为主；二是通过教育、科技、技能培训等方式提高贫困人口生活技能的间接扶贫政策；三是通过立法保障弱势群体各项基本权利以促进少数贫困人口享受国家经济成果；四是扶贫主体多元化。反贫困过程中，美国政府并没有一力承担重任，而是将部分责任下放至州、县等地方政府，同时发动社区、私人基金会、志愿者组织等民间力量参与反贫困工作。

（四）借鉴与评述

中国的扶贫开发规模之广、难度之大，在世界范围绝无仅有。到 2020 年，中国的贫困人口全部脱贫，这将在中国具有划时代的意义，在国际上也有典型意义。因此，一方面，学习和借鉴国际上一些国家扶贫的做法，如运用市场的手段扶贫、调动社会力量参与扶贫、探索有针对性的金融扶贫方式等。另一方面，中国是最大的发展中国家，贫困人口比较多，通过社会主义制度，通过党的领导，通过全社会的动员，必在全世界做出一个成功的"中国样板"，并且对外输出所积累的经验，大力帮助世界上其他发展中国家的脱贫工作，推动全球减贫事业的发展。

四、路径思考：问题识别与路径探索

（一）精准扶贫存在的问题

精准扶贫实施两年多来，探索了一些新的扶贫方式，扶贫成果显著。但是由于特殊的自然环境、特殊的历史原因，以及粗放的扶贫方式等，部分贫困地区扶贫工作仍存在不少问题。这些问题主要有：

1. 大多数贫困地区基础设施建设成本高，资金缺口大

水、路、网等基础设施建设是当前精准扶贫、精准脱贫最大的制约因素。贫困地区往往山大沟深，地广人稀，生态环境脆弱，自然条件严酷，十年九旱，水资源短缺。在如此的自然条件下，完善基础设施建设需要投入巨大的成本。就目前当地财政收入计算，

贫困地区在基础设施建设项目方面资金缺口很大。特别是实施的多数项目都要求县上按一定比例落实配套资金，导致地方财政入不敷出。

2. 扶贫政策和措施碎片化、短期化

扶贫政策和措施碎片化、短期化主要体现在扶贫政策和措施不具备可持续性。部分贫困地区由于龙头企业数量少，带动能力不强，产业开发推进艰难，规模小，链条短，效益差，抗御自然灾害和市场风险的能力弱，贫困群众持续稳定增收还十分困难。不得已，有些地方扶贫干部直接将工资给了贫困户来帮助其脱贫，这种扶贫方式只能"输血"，不能"造血"。域外资金、人才、技术多头投入，扶贫的部门和省市一般也只能面向对口县开展扶贫工作，不能够将各方面资源（如资金）统一调配集中使用，也无法根据贫困地区的需要，全方位精准提供帮扶。

3. 脱贫产业基础脆弱，容易返贫

由于脱贫缺乏强有力的产业基础，相当一部分贫困户即使脱贫也是临时性脱贫，脱贫基础极其脆弱。调研中发现，因灾、因病、因婚、因学等导致返贫率高，有的地方年返贫率达到20%。能否脱贫很大程度上依赖自然条件。持续干旱导致部分贫困地区的返贫现象可能更为突出。调研中还发现，在目前未脱贫的人员中，相当一部分是因病因残致贫的，有些地区因病致贫甚至占到了总帮扶对象的三分之二。由此可见，因病致贫是导致贫困的重要原因之一。因病致贫之所以迟迟没有得到有效解决，主要有以下三个方面的原因：一是由于自然条件艰苦，贫困户大多居住分散，

且多住在偏远地方，交通极其不便，导致就诊困难；二是除部分老年人享受免费体检外，其他人员常年不体检，导致癌症、心血管疾病、关节疾病等大病和慢性病的发病率较高；三是大多数贫困地区的大病医疗保障体系很不健全。

4. 行政主导扶贫开发，精准扶贫的长效机制尚未建立

调研中发现，部分贫困地区推进的精准扶贫，从制度设计上，仍然停留在传统的以输入为主的层面上，强调资金输入、政策输入、项目输入等方式带动贫困人口脱贫致富。这种制度安排的缺陷在于：一是扶贫开发制度仍然以政府主动提供为主，党政资源作为扶贫的主要手段，仍然是一种行政主导式扶贫，社会参与度不高，扶贫的内生动力不足；二是扶贫制度设计对区域经济发展带动作用有限，精准扶贫的长效机制尚未建立。扶贫考核指标过于单一，只注重增加收入和改善生产生活条件，忽视区域发展能力和人力资本的积累。由于缺乏对促进区域经济发展的制度安排，经济基础薄弱的历史问题没有得到有效解决，形成了对国家帮扶的路径依赖，发展能力较弱。尽管贫困人口的收入有所增加，但是医疗、社会保障、教育、文化等多维度的贫困仍然存在。

（二）推进精准扶贫的路径思考

1. 推进产业扶贫

产业扶贫的实质，就是坚持开发式扶贫方针，引导和激励贫困地区干部群众发扬自力更生、艰苦奋斗的精神，合理开发利用当地资源，积极培育特色优势产业，着力增强贫困地区自我积累、

自我发展能力，走出一条依靠自己力量增产增收、脱贫致富的路子。产业扶贫是通过确立主导产业，建立生产基地，提供优惠政策，扶持龙头企业，实现农户和企业双赢，从而达到带动贫困农户脱贫致富的目标。产业扶贫的内在要求有两个：一是要发展壮大贫困地区有特色、有市场竞争力、可持续发展的主导产业，推动贫困地区经济发展；二是要将贫困人口连接到产业链上，使他们参与主导产业发展，并从中受益，进而达到脱贫致富的目的。

2. 推进劳动力培训常态化

解决扶贫不是简单的解决温饱，而是解决贫困人口能力发展的问题，使之实现"造血式"发展。贫困地区的教育水平相对比较低，扶贫先扶智，应该加强贫困地区、贫困人口的教育投资。通过对农民进行职业和技能培训，提高其职业和综合素质，通过有计划、有组织地转移劳动力，促进其实现就业，将农村剩余劳动人口转化成人力资源，将农村劣势变为发展优势。劳动力培训能使贫困农民解放思想，转变观念，开阔视野，增长见识，增加才干，是能让他们寻求到一条增加收入、脱贫致富的有效途径。还应警惕"扶贫致懒"情况出现，改变"等靠要"想法，即不仅培养他们脱贫

★★★ **精彩论述** ★★★

要彻底摆脱贫困，首要的就是精神脱贫。解决好精神层面的问题，就会真正激发摆脱贫困的内生动力，就会激发出贫困地区干部群众的主动性、积极性和创造性，变被动救济为主动脱贫，提升自主脱贫能力。

——新华社评论员

的能力，还要帮助他们建立脱贫的意识，使其思想意识由"让我发展"转变为"我要发展"，这也符合大众创业、万众创新的思路。

3. 推进旅游扶贫开发

旅游扶贫开发模式是以中央和地方政府的扶贫政策为指导，乡村居民为旅游开发主体，乡村居民的脱贫致富为目标。该模式立足乡村实际，积聚和利用社会各方面力量进行旅游扶贫，开发富有特色的乡村旅游产品，发展旅游经济，逐步改善乡村贫困人口生活状况，最终推进乡村环境、经济和社会的和谐发展。该模式是我国经济得以快速发展、国民收入普遍增加的产物，同时又是和中央建设社会主义新农村目标相适应的。该模式的成功推行不仅能提高农村居民的经济收入，也可以改善农村的自然和居民生活环境，促进农村居民和城市居民的交往，增加他们的信息获取量。

4. 推进移民搬迁扶贫

移民搬迁扶贫模式即按照采用"政府引导，村民自愿"的原则，通过移民搬迁实现扶贫目的，对居住在缺乏基本生存条件的深山区、库区和地质灾害频发区群众，采取一定的扶持激励政策帮助其搬迁到社会经济条件较好的地方进行生产和生活，从根本上改善其生产生活条件，达到逐步脱贫致富的目的。2002 年国务院印发的《关于进一步完善退耕还林政策措施的若干意见》，确认指出："为了加强生态保护和建设，要结合退耕还林工程开展生态移民、封山绿化。对居住在生态地位重要、生态环境脆弱、已丧失基本生存条件地区的人口实行生态移民。"生态移民主要是通过人口搬迁达到消除贫困和改善生态的双重目标，从而促进人口、资源、环境的协调发展。生态移民是一项兼具生态效益、经济效益和社会效益的扶贫模式。

5. 推进"互联网+"扶贫

相当一部分贫困地区积极利用信息技术，探索"互联网+"扶贫方式。电商是偏远地区的县域打响品牌、走向全国的新"抓手"。电商能够让当地的农特产品走上品牌化发展道路，使"优质优价""订单式营销""快递式服务"有了可能。通过发展"互联网+"扶贫方式，利用信息化，发展分享经济。

（曹立　中共中央党校经济学部教授）

⑩ 怎样实现农业现代化？

小康不小康，关键看老乡。农业是全面建成小康社会、实现现代化的基础，是稳民心、安天下的战略产业。促进农业发展方式转变、推进农业现代化，既是经济新常态下对农业发展的更高要求，也是农业持续发展的内在要求。

党的十八届五中全会通过的《中共中央关于制定国民经济和社会发展第十三个五年规划的建议》提出，实现"十三五"时期发展目标，破解发展难题，厚植发展优势，必须牢固树立创新、协调、绿色、开放、共享的发展理念。这集中反映了我们党对经济社会发展规律认识的深化，是一次重大的理论创新，为今后的发展指明了方向。我们需要深刻领会党的十八届五中全会精神，以新的发展理念引领现代农业发展，大力推进农业结构性改革，加快转变农业发展方式，着力拉长农业这条"四化同步"的短腿，补齐农村这块全面小康的短板，不断开创农业农村发展新局面。

一、以创新发展理念促进农业发展方式转变

创新居于五大发展理念之首，是经济社会发展的第一动力。以改革创新推动农业现代化发展，是由新时期农业现代化的内在要求和外在条件决定的。新世纪以来，我国"三农"工作取得了粮食生产"十二连增"、农民增收"十二连快"，同时主要农产品保障水平和科技支撑能力大幅提高的巨大成就。但进入新常态之后，一方面农业农村发展出现了许多新矛盾、新问题与新困难，农业现代化需要解决的粮食安全、农业增效、农民增收，以及农业可持续发展等几大问题并没有从根本上解决。另一方面，农业农村发展又面临许多新机遇、新潜力与新途径，从农产品供求、农业投入补贴，到农业人口转移等各方面都承载着新变化与新希望。面对这种新老问题交织、新旧矛盾交汇的格局，需要我们有新思路、

新视野与新手段，根本的办法和出路只有一个，就是加大改革创新力度、加快推进农业现代化发展。

目前我国农业持续发展面临两个"天花板"、两道"紧箍咒"。这些年农业连续增产，提高价格、增加补贴这两个政策工具发挥了关键作用。但目前国内主要农产品价格已高于进口价格，继续提价遇到"天花板"；农业补贴中有的属于"黄箱"政策范畴，受到世贸组织规则限制，部分补贴继续增加也遇到"天花板"。农业生产成本还处在上升通道，"地板"在抬升，包括人工、农机作业、土地流转等费用上涨很快，种子、化肥、农药等价格也不便宜。除了两个"天花板"外，生态环境和资源条件这两道"紧箍咒"也严重束缚农业长远发展。我们主要依靠自己力量解决了13亿多人口的吃饭问题，确实很了不起，但也付出了巨大代价。生态环境严重受损、承载能力越来越接近极限，资源开发利用强度过大、弦绷得越来越紧。大量使用化肥、农药、农膜等化学产品，不仅使地越种越薄，还带来严重的面源污染、白色污染，再加上工业污染和生活垃圾污染等，农村环境问题愈发严峻，严重危及农业持续发展和农产品质量安全。与此同时，随着工业化、城镇化推进，耕地不仅数量在减少、质量也在下降，农业生产用水缺口呈扩大之势，农业资源约束也在日益增强。两个"天花板"在顶、两道"紧箍咒"在身，农业靠什么持续稳定发展？别无他途，只能加快推进农业现代化，促进农业发展方式转变，从依靠拼资源消耗、拼农资投入、拼生态环境的粗放经营，尽快转到注重提高质量和效益的集约经营上来。

习近平同志深刻指出，我国经济发展进入新常态，是我国经济发展阶段性特征的必然反映，是不以人的意志为转移的。新常态反映在农业领域，表现为农村经济发展的速度变化、结构优化和动力转化，归根结底是要加快转变农业发展方式。过去我国农业发展取得巨大成就，靠的是改革创新。今后加快推进农业现代化，仍然要靠改革创新，这是发展的根本动力。加快农业现代化，既涉及生产力发展，也涉及生产关系变革，要坚持一切从实际出发，把握方向，突出重点，有序推进。

我国农业正处于由传统农业向现代农业转变的关键时期，农业发展的内外部环境、条件都发生了新的深刻变化，这也对"十三五"时期的农业发展提出了新要求。以往的农业高产出，是建立在农业资源的超强度利用和生产要素的大规模投放基础之上的。近些年来，农民老龄化、农业兼业化问题日趋严峻，未来谁来种地、如何种地问题日益凸显；农业资源开发利用强度过大，农业生态环境恶化加剧，承载能力越来越接近极限。要解决上述农业发展所面临的尖锐矛盾和问题，必须加快转变农业发展方式，保持农业的可持续性。"十三五"时期，我们要按照中央要求，坚持把加快转变农业发展方式作为推进农业现代化的主要任务和基本路径，加快构建现代农业产业体系、生产体系、经营体系，促进粮食综合生产能力、农产品质量安全水平、农业资源利用率、农民收入再上新台阶，推动农业发展由数量增长为主转到数量质量效益并重上来，由主要依靠物质要素投入转到依靠科技创新和提高劳动者素质上来，由主要依靠拼资源、拼消耗转到可持续发展上来，走产出高效、产品安全、资源节约、环境友好的农业现代化道路。

当前和今后一个时期，我国农业长期稳定增长、农业综合生产能力的提升形成的农产品供需由紧平衡转向相对宽松，人们对食品安全、生态环境的追求，国际农产品价格长期下降趋势有利于利用国际市场解决国内需求等，这些都有助于实现目标的转换，有利于推进农业现代化发展。"十三五"时期，现代农业发展有以下几个重点任务：

一是稳定提高农业生产者收入。"十三五"时期我国经济面临较大下行压力，将从高速增长转为中高速增长。新形势下，要积极推进大众创业、万众创新，引导返乡创业人员融入特色专业市场，打造具有区域特点的创业集群和优势产业集群。深入实施农村青年创业富民行动，支持返乡创业人员因地制宜围绕休闲农业、农产品深加工、乡村旅游、农村服务业等开展创业，稳定提高农业生产者收入。

二是重构农业微观经营主体。随着传统农业向现代市场农业的转变，专业大户、家庭农场、农民合作社、公司农场等新型规模经营主体蓬勃发展，展现出强大的生命力，正成为现代农业发展的主力军。"十三五"时期要不断完善农业经营体制机制建设，重构农业微观经营主体，形成以家庭承包经营为基础，专业大户、家庭农场、农民合作社、农业龙头企业为骨干，其他组织形式为补充的新型农业经营主体队伍。

三是大力发展农业生产性服务业。农业生产性服务业是指贯穿于农业生产的产前、产中和产后环节，为农业生产、农业生产者和其他经济组织提供中间投入服务的产业。以中间投入品为主、涉及知识和资本的交换、提供定制化的服务是农业生产性服务业的主要特征。要重点打造以政府公共服务机构为依托，以农村合作经济组织为基础，以农业产业化龙头企业为骨干，以供销社等其他社会力量为补充的多层次、多类型的农业生产性服务业发展模式。

四是打造农业产业新业态。随着"互联网+"的发展和普及，农业也开始步入互联网新时代，互联网信息传递的扁平化、透明化，正对应于传统农业生产的产业链长、信息不对称的特点，传统的农业营销模式带来的成本高企、物流损耗、信息交流不畅等问题，都可以通过互联网技术加以解决。通过"互联网+"创新现代农业新业态，要重点打造以生态农业、休闲观光农业、出口创汇农业、

带动全产业链 　　　　　　　　　　　　　　　新华社发　程硕　作

高新科技农业和智慧农业等现代农业为标志，融生产性、生活性和生态性于一体，高质高效和可持续发展相结合的农业产业新业态。

大力推进农业现代化，必须加大创新力度，努力形成适应现代农业发展、契合市场经济要求的体制机制。新的发展阶段，需要不断创新深化农村产权制度改革，这是农业转变发展方式的重要保障。2015年中央一号文件明确提出，要推进农村集体产权制度改革，探索农村集体所有制有效实现形式，出台稳步推进农村集体产权制度改革的意见；健全农村产权保护法律制度，抓紧研究起草农村集体经济组织条例。这是新世纪以来聚焦"三农"工作的12个中央一号文件中关于农村集体产权制度改革最全面系统的部署。

2015年中央一号文件部署的农村集体产权制度改革是"纲"，党的十八届三中全会《决定》部署的有关赋予农民更多财产权利的各项具体改革是"目"，"纲"举才能"目"张。改革越往前走，需要回答的理论、法律、政策、实践问题越是复杂。其中，最为关键的是三个问题：集体产权归谁所有、集体产权归谁支配、集体产权归谁用益。

根据《宪法》第六条规定，集体所有制是我国两大公有制形

◇◇◇ **专家观点** ◇◇◇

只有土地产权清晰，才能更好地开展土地改革工作。农村土地改革的关键是"确权"，而"土地确权"是农村土地流转成功的主要因素。

——农业部农村经济研究中心主任、研究员　宋洪远

式之一。但长期以来关于农村集体资产归谁所有、集体所有权的权利主体究竟是谁，一直没有一个明确、统一的说法。《宪法》第六条使用的是"劳动群众集体所有"，《民法通则》第七十四条使用的是"劳动群众集体所有""村农民集体所有"和"集体经济组织所有"，《土地管理法》第八条使用的是"农民集体所有"，《物权法》第五十九条使用的是"成员集体所有"。由此可见，在集体产权的权利主体上，按时间顺序，先后有"劳动群众集体所有""农民集体所有""集体经济组织所有"和"成员集体所有"等四种不同表述。集体产权的权利主体应该依据《物权法》的思路界定，明确规定集体产权属于成员集体所有，而不是集体经济组织或村民委员会所有，更不是村干部所有。

由谁代表"成员集体"来支配集体产权、集体所有权的行使主体是谁，也是长期以来没有理清的一个关键问题。根据《民法通则》第七十四条、《土地管理法》第十条、《农村土地承包法》第十二条和《物权法》第六十条的规定，村（组）集体经济组织或者村民委员会（村民小组）都可以经营、管理土地等集体资产。根据《村民委员会组织法》第八条规定，由村民委员会管理本村属于村农民集体所有的土地和其他财产。尽管集体成员与自治成员的成员权取得方式有本质区别，但在农村人口不流动的情形下，是由村（组）集体经济组织还是由村民委员会（村民小组）支配集体资产，并没有本质区别。随着农村人口流动现象增多，一些地方，特别是城郊农村，集体成员与自治成员的重合度逐步下降，继续由村民委员会行使集体资产的支配权，容易导致对集体经济组织成员财产权利的侵犯。在这些地方，有必要尽快建立集体经济组织，由其代表"成员集体"行使对集体资产的支配权利。

虽然《物权法》已经有成员权制度的萌芽，但成员权的内涵需要具体化，"成员集体所有"的法律性质和内涵需要进一步明确，成员资格认定的具体标准需要做出法律规定，集体经济组织成员权利与村民自治权利的关系有待厘清。一些地方提出，集体资产股份应"量化到人、确权到户"，以家庭为单位实行股权固化和"增人不增股、减人不减股"，这种做法的利弊究竟如何权衡？实行土地承包关系长久不变和"生不增、死不减"，特别是一旦外部人员通过行使抵押权、继承权等途径获得原先只有集体成员才能取得的宅基地使用权、集体资产股权，将对成员权制度、进而对农村集体所有制和农村社会治理体制带来怎样的影响？这些问题都需要回答清楚。

◇◇◇ **专家观点** ◇◇◇

改革是农业农村发展的动力所在。新形势下深化农村改革的主线仍然是处理好农民与土地的关系。农村集体产权制度改革是继农村家庭联产承包责任制之后的重大制度创新，管长远、管根本、管全局。

——农业部部长　韩长赋

集体产权归谁所有、集体产权归谁支配、集体产权归谁用益，这些都是改革进程中亟待破解的难题，需要相关部门的配合共同完善法律法规。改革越是进入深水区，越需要完善相应的制度法规，避免权力的寻租。"十三五"时期是我国农业由传统农业向现代农业转变的关键时期，我国现代农业的发展必须根据当前农业发展所面临的国内外新形势、新环境，明确"十三五"时期农业发展的目标和重点任务。目标与任务都明确后，关键是如何更好地践行。

二、以协调发展理念推进农业产业结构优化

现代化的农业，必然是内部结构合理、与经济社会发展相适应的农业。因此，大力推进农业现代化，必须坚持协调发展。要促进农业内部协调发展，形成现代化的农业生产结构。协调是持续健康发展的内在要求，注重解决发展不平衡问题，避免"木桶效应"的产生，促进经济社会的协调发展，促进"四化"的同步发展。

在市场经济环境中，调整产业结构是世界各国推动经济可持续发展的通行做法，其基本内容就是通过调整、建立资源的投入产出机制，使各种生产要素达到最大化的投入产出效益。而农业产业结构调整和升级，就是对农业生产过程中的各种生产要素按照最优化原则进行再配置，最大化提高农业生产效率，实现农民增收、农业农村可持续发展。这些年来，我国对农业产业结构进行了大的调整和优化升级，取得了明显成效：传统农作物种植业所占比例持续下降，而林、渔、牧业比重相应上升；粮食作物种植呈下降趋势，经济作物种植持续上升；粮食作物产量连年攀高，人均粮食产量显著提高。虽然农业产业结构显著改善，人民生活水平相比过去有了大幅提高，但是，随着我国工业化和城市化进程不断深入，现阶段的农业产业结构中的一些问题逐渐暴露出来，

主要表现在：一是低档次、低附加值农产品的比重仍然很大，优质高效的农产品少。二是农产品雷同化和单一化现象严重。目前，在农业种植领域，我国还没有形成农作物种植的区域分工，各地区小而全的结构特点仍然是当前发展地区特色农业的普遍性障碍，使得难以发挥各地区域优势。三是与农业有关的龙头企业较少，农业产业化链条有待完善。特别是由于长期以来我国农业产业结构中传统农业所占比例一直很大，而与之相关的加工业、物流业发展一直未得到重视，因此，现在农村劳动力就业仍然以传统农业领域为主，而农产品运输、加工、储藏等环节薄弱，吸纳就业能力不足，无法带动农民增收。四是农业基础设施薄弱，农业劳动人口总体素质偏低。五是农业生产环境持续恶化，自然灾害频发。

世界发达国家发展经验表明，一国现代化的实现，必须要有一个现代的高效农业产业结构与之相适应，现代化的农业产业结构是一国整体实现现代化的重要组成部分。当前，随着我国进入工业化进程中后期阶段和农村经济体制改革不断深入，农业产业结构调整和升级已是当前及今后一个时期内农村经济发展中的艰巨任务。加快农业产业结构调整和升级，必须以市场为导向，建立健全现代农业社会化服务体系。在现代农业产业结构调整和升级过程中，农业资源的流动和配置是由市场来决定的，因此，农业产业结构调整必须坚持以市场为导向，积极建立健全与现代农业生产相配套的一系列服务体系。政府要充分发挥宏观调控职能，按照市场经济原则推动建立一个商品、资金、技术和人才等要素能合理流动的市场体系，形成统一规范的市场秩序，创造公平竞争的良好环境；积极推进农产品流动体制改革，妥善化解农产品供需矛盾，解决好农产品流通困难的问题；加强农产品信息服务体系建设，为农民和市场提供信息服务，及时调节农产品供需关系。此外，还要积极鼓励、扶持农业中介组织发育，积极引导超市或企业与农民直接对接，提高农业生产组织化程度，进一步拓展农产品销售市场和渠道。

新时期调整农业结构、发展农业产业化，要有新思路、新视野、新办法。一要由"生产导向"向"消费导向"转变。现在人们不仅要吃饱还要吃好，越来越关注"舌尖上的安全"、"舌尖上的美味"。要引导农民瞄准市场需求，适应消费者选择，增加市场紧缺和适销对路产品生产，大力发展绿色农业、特色农业和品牌农业。二要由单纯在耕地上想办法到面向整个国土资源做文章。我国耕地资源有限，但有着广袤的山区、林地、草原、海洋等，物种等资源丰富，要引导农民念好"山海经"，唱好"林草戏"，打好"果蔬牌"，挖掘各种资源生产潜力。三要构建优势区域布局和专业生产格局。加强科学规划、政策引导，依靠市场力量推动农业生产不断向优势区域集中，打造优势产业带，提高产业集中度。四要加快推进农牧结合。在有条件的地方开展粮改饲试点，逐步把粮食、经济作物二元结构改成粮食、经济作物、饲料作物三元结构。

推进农业结构调整、发展农业产业化，要在"内外联动"上下功夫。要把产业链、价值链等现代产业发展理念和组织方式引入农业，延伸产业链、打造供应链、形成全产业链，完善利益联结机制，让农民从产业链增值中获取更多利益。重点抓好三件事：

一是抓农产品转化加工。主产区往外调"原"字号农产品，不利于主产区农业增值增效，也加重运输负担。要支持主产区发展畜牧业、粮食加工业和农产品精深加工。主产区调出粮食是贡献，调出肉蛋奶、调出加工食品，同样也是贡献。二是抓农产品流通。农产品流通环节多、成本高、损耗大、效率低，导致农民"卖难"和居民"买贵"并存，一直是个老大难问题。解决这一问题，要创新流通方式和流通业态，推进电商与实体流通相结合，完善农产品流通骨干网络，推进各种形式的对接直销。三是抓农产品质量和食品安全监管。目前农产品质量安全形势总体稳定向好，但风险隐患犹存，违法违规问题仍然频发。要坚持不懈地抓好质量安全监管，决不能再出大的事件，否则就会打击人们对国产农产品和食品的消费信心，影响农业发展。要抓紧把基层农产品和食品安全监管机构健全起来，从源头抓起，推广农业标准化生产，严格市场执法监管，确保农产品和食品质量安全。

推进农业结构调整、发展农业产业化，根本上要靠创新驱动。要把农业科技摆在国家科技工作更加突出的位置。全国科技战线要服务农业、支持农业，现代科技成果要优先在农业领域应用推广。要瞄准世界新一轮农业科技革命，紧扣我国农业现代化建设需要，加强对生物育种、智能农业、农机装备、生态环保等领域的科技攻关。要以产业和市场需求为导向，推动农业科技成果落地生根、开花结果。要给农业插上科技的翅膀，首先要给科技人员插上奋斗的翅膀。我国有世界上数量最多的农业科技人员，蕴含巨大的创新创造潜能。要深化农业科研体制改革，完善激励机制和相关制度安排，最大限度地释放人才红利。对农业基础性研究，国家要提供充足、稳定的经费支持，使科研人员能够静下心来"十年磨一剑"。对应用型、实用型研究，要更多地运用市场力量来支持和激励。大力发展农业科技企业，鼓励科技人员参与企业科技创新和推广。农业科技成果的推广应用离不开农业机械化。要加快改造和提升农机工业，研发适合不同地区、不同产品、不同环节的农业机械，努力提高农机质量，推进农业产业全程机械化。

三、以绿色发展理念增强农业可持续发展

绿色是永续发展的必要条件和人民对美好生活追求的重要体现，重点解决人与自然和谐共处的问题，具体到农业中是人对清新空气、干净饮水、安全农产品、优美环境等的强烈要求，让农业农村绿起来，是农业可持续发展的根本保障，是摆在我们面前的重要而紧迫的任务。因此，在农业现代化发展的进程中，要坚持"绿色决定生死"的理念，认真科学统筹规划，划定农业空间和生态空间的保护红线，实行最严格的耕地保护制度，实施最严格的保护土壤和水质制度，走绿色发展、可持续发展的农业之路。要加强农业污染源的防控，推广低毒、低残、高效的化肥和农药的使用，到2020年实现农药化肥使用量零增长，提高废弃物综合利用率，让透支的环境资源逐步休养生息，推进农业生态循环发展，努力形成生产、生活、生态相互协调的现代农业发展格局，增强农业的可持续发展能力。我们既要大力发展绿色生态无公害农产

品，又要完善市、县、乡、村四级农产品质量安全监管体系，坚持两手同时抓，两手都要硬，提高农产品的质量安全，确保全市"舌尖上的安全"。

农业本身具有"绿色"属性，农业生产本身就是固碳过程，促进绿色发展是农业现代化的基本内涵，是生态文明建设的重要组成部分。这些年，我们用十分有限的水土资源养活了十几亿人，支撑了快速工业化、城镇化，但确实也付出了很大代价，耕地数量减少、质量下降、地下水超采、农业面源污染加重等问题凸显，资源、环境两道"紧箍咒"越绷越紧，我国已经到了迫切需要推进农业可持续发展的新阶段。当然，对农业发展中出现的资源环境问题要全面、历史、辩证地看，过去在温饱没有解决的年代，很难顾上资源环境问题。现在我国经济发展水平提高了，人民群众衣食住行问题基本解决了，我们有能力腾出手来注重解决生态环境问题。

"十三五"时期，我们要把农业可持续发展摆上更加重要的位置，做到保护与治理并重，调整优化农业产业、产品和布局结构，大力发展资源节约型、环境友好型农业，促进农业资源利用方式由高强度利用向节约高效利用转变。切实加大耕地、水、草原、水域滩涂等保护力度。尽快将大中城市周边、交通沿线耕地划为永久基本农田，加强耕地质量调查评价与监测，推进耕地数量、质量、生态"三位一体"保护，坚持并完善草原生态保护奖补政策，促进禁牧轮牧和草畜平衡，健全休渔禁渔制度，使透支的农业资源环境得到休养生息。强化农业环境突出问题治理。打好农业面源污染治理攻坚战，实施化肥、农药使用量零增长行动，推动畜禽粪便、秸秆和地膜资源化利用，力争化肥、农药利用率提高到40%以上，养殖废弃物综合利用率达到75%以上。探索实行耕地轮作休耕制度试点，首先在地下水漏斗区、重金属污染区、生态严重退化地区开展试点。提升农产品质量安全水平。推进绿色化生产，实行严格的农业投入品生产使用和监管制度，推广病虫害绿色防控，加快建立农产品标准化生产体系，大力发展名特优新农产品，扩大无公害农产品、绿色食品、有机农产品和地理标志农产品生产规模。

我国农业资源环境已经亮起了红灯，再沿袭传统的路子走下去，不仅难以保障当代人的需要，也会断送子孙后代生存发展的路。必须痛下决心加以改变，坚决把资源环境恶化势头压下来，新账不再欠、老账逐步还，让透支的资源环境得到休养生息。当前和今后一个时期，要重点念好"减、退、转、改、治、保"六字诀。"减"，就是要把过量使用的农业投入品尽快减下来。化肥、农药等用得太多，既有危害又多花钱。农民也明白这个道理，只要加强技术指导，使用量就能减下来。比如搞测土配方施肥的地方，化肥使用量就大幅度减少。要大力推广节肥、节药、节水和清洁生产技术，逐步减少化肥、农药和农业用水总量。"退"，就是要把超过农业资源环境承载能力的生产切实退出来，该退耕还林还草、还湿还湖的要继续退还，该限牧限渔的要严格限制。"转"，就是要把农业废弃物转化成为资源和财富，化害为利、变废为宝。农业废弃物，处理不好是污染源，利用好了就是资源。一些规模养殖场利用畜禽粪便生产沼气、农家肥，既有经济效益又有生态环保效益。要开展秸秆、畜禽粪便资源化利用和农田残膜回收区域性示范。"改",就是要把土壤改良好,实施耕地质量保护与提升行动,引导农民施用有机肥,推广深松整地、秸秆还田、保护性耕作等措施培肥地力,加快建设旱涝保收、高产稳产的高标准农田。"治",就是要把受损的生态环境逐步修复治理好,支持开展地下水严重超采区综合治理试点,支持重金属污染耕地修复试点,发展替代产业、绿色经济。"保",就是要把耕地、水资源等农业发展的根基和命脉坚决保住,全面开展永久基本农田划定工作,建立健全资源有偿使用和保护补偿等制度。

四、以开放发展理念提升农业对外开放水平

近十年来,中国经受了各种挑战和考验,已经从世界舞台的边沿站到了世界舞台的中央,成为了全球经济一体化和自由贸易的重要推动力量。农业对外开放取得了积极成效并将在新的历史条件下得到新的发展。农业对外开放服务于国内农业产业发展需要和服务于国家整体对外交往需要的重要性得到双重提高。世界格局的调整、国际国内各种因素的相互作用,农业对外开放面临更高的要求和更加复杂的挑战。

基于三十多年农业对外开放的实践经验,我国形成了科学系统的推动农业对外开放的方针政策。坚持扩大农业对外开放,要坚持统筹好农业"走出去"和"引进来"两个方面。农业对外开放是一项涉及部门多、工作面广、政策性强的工作。对照形势和

任务的要求，为进一步提高我国农业对外开放水平，我们要努力完善政策、增加投入、提高公共服务能力、形成工作合力、加强队伍建设等。

"十三五"期间，随着"一带一路"等国家重大战略的深入实施，农业对外开放步伐将进一步加快，"引进来"和"走出去"同步发展，农业对外开放的深度和广度将进一步提高。更高层次的"引进来"，有利于更好地利用国际市场和资源，更好地利用国外先进生产技术、机械装备及高端人才等现代要素，缓解国内紧缺农产品供求紧张关系，减轻国内资源环境压力；更大规模地"走出去"，有利于拓展农业发展空间，提升我国在全球农业价值链分工中的地位，增强我国利用国际资源调控国内农产品价格的能力。但同时，国内外主要农产品价格倒挂的趋势短期不会改变，国际农产品对国内市场压力加大，部分产品对外依存度会不断走高，从而给国内主要农产品价格调控带来更大压力；国际农产品市场投机炒作及传导影响也会加深，农产品出口贸易摩擦增多，农业对外投资

★ ★ ★ 精 彩 论 述 ★ ★ ★

通过"引进来""走出去"相结合，充分利用"两个市场""两种资源"，我国农业现代化进程进一步加快，在世界农业大舞台上扮演着越来越重要的角色。2015年，我国获颁完成世界粮食首脑会议目标证书，与联合国粮农组织完成了5000万美元信托基金合作总协定磋商，在世界粮食计划署、世界动物卫生组织、国际农业研究磋商组织、二十国集团、金砖国家、亚太经合组织、上海合作组织等重要平台发挥了积极和建设性的作用。

——新华社记者　林晖

竞争压力会进一步加大。

目前我国粮棉油糖生猪等重要农产品实行最低收购价和临时收储相结合的价格支持政策，在成本不断上升、国内价格持续高于国际价格的市场环境中，国外农产品不断涌入国内市场，国家收储粮棉等重要农产品的数量急剧上升，财政负担猛增，高价原料冲击农产品加工业，企业经营困难，现行价格支持政策难以为继，国家已围绕棉花、大豆探索建立目标价格制度。"十三五"期间，按照市场定价、价补分离的原则，采取差价直补和定量收储相结合的方式，进一步完善棉花和大豆目标价格制度，降低运行成本，提高补贴效率，适当下调玉米临时收储价格，创造条件将玉米纳入目标价格制度，逐步探索将目标价格制度扩大到稻谷、小麦等重要农产品领域。扩大粮食、生猪等农产品目标价格保险范围，稳定生产者收入。

进一步发挥市场的决定性作用，夯实农产品价格形成机制的改革动力。价格是市场经济发挥作用的关键信号，不仅是供需两侧信息的传递者，也是国际和国内两个市场的连接点。现行托市政策将补贴与价格合为一体，政府定价取代了市场价格，扭曲了市场结构。这不仅增加了粮食收储成本和财政压力，农民也没有获得补贴的全部实惠，还抬高了下游粮食加工企业的原料成本，导致国外农产品进口量激增。更重要的是，价格信号失灵使得农民片面追求高收益作物种植，无益于调整农业结构。在稳定口粮生产的前提下，以农产品目标价格改革为突破口，逐步建立以市场发挥决定性作用的农产品定价机制，通过价补分离提高价格的透明度和有效性，引导农业生产向优势产区和规模大户集中，以市场力量实现调结构、提品质、降成本、去库存等改革目标。这也有利于缩小国内外农产品价差，逐步提高与国际市场的接轨程度，提升农业国际竞争力。

目前我国农业开放水平不高，对经济发展的带动作用不强，农业"走出去"在"一带一路"战略中的地位尚未充分体现。要加快制定农业"走出去"战略规划，明确重点区域，主攻周边，巩固非洲，拓展拉美，力争局部率先突破。鼓励采用资源开发、市场开拓、对外投资、技术合作等方式，重点进入仓储物流、营销网络、粮食生产基地等关键领域，提高农业走出去成效。完善财政、金融、税收和保险等境外农业投资政策支持体系，设立国家农业"走出去"专项发展基金，建立和完善相关法律法规，创造规范有序的制度环境。推动有条件的地区加快农业"走出去"，鼓励和平等支持国有和民营企业更多更快地"走出去"，培育世界级粮商和农业公司。

加快农业"走出去"，拓植全球资源正当其时。从农产品价格的角度看，近年来国际粮食价格正处在低位，从国际市场获得农产品的成本较低。联合国粮农组织公布的 2016 年 1 月份平均食品价格指数为 150.4 点，已是自 2009 年 4 月以来的最低水平。从农业资源禀赋的角度看，数据显示目前全球尚有约 40 亿公顷土地可供开垦，是现有耕地面积的 2.5 倍。加快推进农业"走出去"，其意义不仅在于保障重要农产品进口来源稳定，也有利于在更大范围内破解农业结构性供需矛盾，更是中国承担大国责任的重要载体。一方面，培养形成中国自己的国际性大粮商，通过在全球范围内全产业链布局，以市场化运作连通国内外农产品市场和农业资源要素市场，加强对国际市场的影响力和进口渠道的控制力。另一方面，将农业"走出去"融入国家整体战略考量，开展共赢型农业国际合作，助力落实"2015 后发展议程"。

随着粮棉油糖等重要农产品国内市场价格高于国际价格的差价越来越大，关税及关税配额的国内市场保护功能显著弱化，"十三五"期间，我国高成本农产品受到国际低价农产品冲击压力加大。要充分利用 WTO 边境保护措施，围绕我国重要农产品，加强反补贴、反倾销措施和"农业协定"中特殊保障措施的触发条件及应对办法研究，借助大国地位，联合具有共同贸易政策诉求的新兴工业化国家，形成统一政策立场，通过 WTO 多边谈判机制，建立基于农业资源禀赋的公平贸易规则，争取享受类似欧盟和日韩等农业资源短缺型国家的边境保护措施。借鉴日本和韩国加入跨太平洋伙伴关系协议（TPP）经验，在与各国自贸区谈判中，按照有保有放的原则，放开一般农产品贸易，确保口粮免受进口产品冲击。

开放是国家繁荣发展的必由之路，注重解决发展内外联动问题，是新形势下的必然要求。树立全球思维，就是看问题不能只着眼于国内，而要跳出国内、突破本国资源禀赋的思维限制，从全球视角来重新审视中国农业的机遇与挑战，通过实施农产品进出口、农业"走出去"、优化全球农业治理结构等战略，依托全球农业资源、借力国际市场推动供给侧结构性改革，提升中国农业国际竞争力。

五、以共享发展理念推动城乡一体化进程

习近平总书记多次指出，"小康不小康，关键看老乡"。消除贫困、改善民生、逐步实现共同富裕，是社会主义的本质要求，是我们党的重要使命。经过努力，我国扶贫开发工作取得了显著成效，"十二五"以来全国已有5000多万人摘掉了"穷帽子"，为全世界减贫作出了突出贡献。但我国脱贫攻坚形势依然严峻，2014年末全国还有7017万农村贫困人口，而且集中在生态脆弱、基础设施薄弱、公共服务滞后的偏远农村，是脱贫攻坚中最难啃的硬骨头。全面建成小康社会，最艰巨、最繁重的任务在农村，最大的短板在农村贫困人口。"十三五"时期，我们必须认真贯彻落实中央的重大决策部署，以更大的决心、更明确的思路、更精准的举措、超常规的力度，打赢全面建成小康社会的脱贫攻坚战，确保到2020年所有贫困地区和贫困人口一道迈入全面小康社会。对农业部门来讲，最主要的任务和工作就是扶持贫困村、贫困户发展特色产业，实施特色产业精准扶贫。

习近平总书记强调，我们一定要抓紧工作、加大投入，努力在统筹城乡关系上取得重大突破，特别是要在破解城乡二元结构、推进城乡要素平等交换和公共资源均衡配置上取得重大突破，给农村发展注入新的动力，让广大农民平等参与改革发展进程、共同享受改革发展成果。这为我们指明了方向，提供了重要的遵循依据。在国家发展的现阶段，城乡发展一体化的重要支点是健全城乡一体化的体制机制。

按照一体化要求推进基础设施建设。城乡发展一体化,关键是补齐农村基础设施建设这个短板,把城乡基础设施互联互通起来,让公共财政的阳光普照城乡大地。要通盘编制规划,把城市和乡村作为一个整体,一体设计、统一规划、多规合一,防止城乡脱节,防止重城市轻农村,防止搞不切实际的大拆大建,防止搞劳民伤财的形象工程。要加快城镇基础设施向农村延伸,推动城市的路、电、气、供排水和通讯等基础设施向农村拓展,逐步实现互联互通、共建共享。同时,加快传统农村社区向现代农村社区转变,确保建一片、成一片、带动一片。要按小康目标提升农村基础设施,先解决"没有"的问题,再跟进"达标""提质"的问题。同时,创新机制,确保建得好、管得好、用得好。

按照同一标准配置公共服务资源。打破城乡居民在身份上的界限,让农村居民与城市居民在政治、经济、社会等方面享有同等的地位和保障,把公共资源的投入由城市为主变为更多地向农村倾斜,把城市的教育、卫生、文化等公共资源、公共服务向农村居民开放。特别要在一些最基础的领域取得实质性突破,让大家看得见、摸得着、有获得感。要弥补农村教育这个短板,改善农村的办学条件,城区优秀教师都应定期在农村中小学支教,缩小校际、城乡差距,让农村孩子不输在起跑线上。通过减免学费、发放助学金等措施,扩大职业教育的覆盖面,让城乡青年拥有一样的就业、创业素质和能力。要织好公平的社会保障网,加快城乡社会保障制度改革,探索城乡居民养老、医疗等相衔接的机制,逐步统一社会保障的项目和标准;实现城乡低保全覆盖,应保尽保;提高新农合住院费用的报销比例，扩大重特大疾病医疗救助范围，有效解决看病难、看病贵等问题。

稳步有序推进农村人口转移。农村人口向城市转移，不仅为城市提供充裕的产业工人，扩大城市的消费，而且能够减少农村的剩余劳动力，促进土地流转和适度规模经营，提高农业的生产率。为此，要顺应新型城镇化的发展方向，加快农村人口向城镇有序转移。政府要提供多样化的就业岗位，特别是通过购买服务的办法，为进城农民多提供诸如绿化、环保等公益性岗位。同时，辖区内的家政、保安等岗位尽量提供给进城农民，让他们一进城就有工作、有稳定收入。加快户籍制度改革，根据城市综合承载能力和发展潜力，加快户籍制度改革，降低门槛，破除不合时宜的政策障碍，让有能力、有意愿、符合条件的农民，都能顺利进城落户，成为城市居民。完善就业、住房、医疗等配套政策，健全城乡统一的就业、创业扶持政策和制度，实现城乡劳动者同工同酬、同城同待遇。

按照全产业链推进工业、服务业与农业融合发展。推进城乡发展一体化，对工业、服务业和农业都带来了机遇和发展空间。在这一过程中，既要把工业与农业对接起来，支持工业尤其是食品、医药工业参与农牧产品的精深加工，发展绿色无污染的食品、中药材、花卉等健康产业，还要把服务业与农村的原生态对接起来，大力发展农家乐、乡村民俗文化旅游等快乐产业，推进金融、保险、信息网络等服务业向农村延伸。此外，还要推动各类现代生产要素在工业、服务业和农业之间充分流动，从选种、种植、收割、仓储到加工、营销等整个产业链条，都实现标准化生产、专业化分工、规模化经营，从而不断提升农业的产业化、市场化和现代化水平。

新农村建设是城乡发展一体化的重点。我国农村人口众多，即使今后城镇化水平大幅提高，仍将有数亿人生活在农村，必须坚持不懈地推进新农村建设。一要由"单项突进"向"综合发展"迈进。新农村建设是一个系统工程，不能简单理解为"新村庄建设"，"钱多盖房子，钱少刷房子，没钱立牌子"。要均衡推进农村经济发展、农民收入增加、人居环境改善。二要由"千村一面"向"各美其美"迈进。新农村建设不能搞"去农村化"、照搬城镇模式，不能千篇一律、一个模式、一种格调，不然既没有了农村味道，也丢掉了地域差异、民族特色。要建设类型多样、特征鲜明、风貌各异、多姿多彩的新农村。要重视规划的科学性、前瞻性，充分考虑今后农村人口变化趋势，不要费了好大劲把路修通了、水接上了、房子盖好了，村里却没人了。三要由"物的新农村"向"人的新农村"迈进。既要重视发展经济，也要加强政治文明、精神文明、生态文明以及和谐社会建设，提高农民科学文化素质，培育文明乡风，推进基层民主管理，使新农村"内外兼修"，成为农民安居乐业的美好家园。

积极发展多种形式适度规模经营。目前我国户均经营土地只有 7 亩多，在世界上属于超小规模。随着环境条件变化，小规模经营越来越显示出局限性，无论是先进技术应用、金融服务提供，还是农产品质量提高、生产效益增加、市场竞争力提升，都遇到很大困难。农业要发展，必须突破经营规模小的限制。对此，农民群众看得最清楚、体会最直接、行动最积极，他们已经探索创造出多种形式的适度规模经营，比如订单农业、家庭农场、种养大户、农民合作社、企业加农户等。像家庭农场，几年时间就发展到87万家，平均规模达到200亩，劳动生产率和经济效益大幅度提高。实践证明，适度规模经营不仅是农民群众的自觉选择，也是农业现代化的必由之路。

◇◇◇ **专家观点** ◇◇◇

改革开放以来农村经营方式和经营主体不断发生着变化，原来单一的家庭农场、农村合作社、工厂企业等在积累了一定的资金之后，转变向种养大户、家庭农牧场、产业化龙头企业发展。

——农业部农村经济研究中心主任、研究员　宋洪远

大力发展新型经营主体，加快培育新型农民。这几年，各类新型农业经营主体迅速发展，已成为农业适度规模经营的主要力量。要研究制定吸引年轻人务农的政策措施，造就一支适应现代农业发展需要的高素质新型农民队伍。现在全国每年有700多万高校毕业生，要制定专门政策，鼓励高校毕业生到农村就业创业。我们要创造条件，让各类新型经营主体在农业现代化中各显神通。

加大农业政策支持和资金投入力度。随着经济增长由高速转为中高速，财政收入增幅回落较大。但不管财力多紧张，都要确保农业投入只增不减，财政预算要继续把农业作为重点来安排。加快建立各级财政农业投入稳定增长机制，加强资金统筹整合、提高使用效率，确保财力集中用于农业现代化的关键环节，重点支持农业基础设施建设、结构调整、可持续发展、产粮大县和农

民增收等。创新农业投融资机制,吸引更多社会资金投入农业。

　　农业现代化和新型城镇化是相辅相成的手拉手的关系,谁也离不开谁。没有新型城镇化创造条件、辐射带动,农业现代化就难以推进。没有农业现代化提供农产品等保障,新型城镇化也难以持续。新型城镇化是我国现代化建设的大战略、大棋局,这盘棋下好了,不仅可以充分挖掘城镇化这个最大内需潜力,为我国经济保持中高速增长、迈向中高端水平提供强大动力,而且能够有效增强城镇化对农业农村辐射带动能力、促进农业现代化建设、解决好城乡差距过大等重大结构性问题。我们要努力推进农业现代化与城镇化互促共进。

　　　　　　　　　　(刘艳梅　中共中央党校经济学部副教授)